目次

序章　公共空間における宗教の位置

島薗　進

一　統一教会をめぐる「政治と宗教」問題

安倍元首相殺害犯と統一教会

二〇二二年七月八日、安倍晋三元首相が銃撃により殺害されてから、現代日本の政治と宗教の関わりのあり方についての問いかけが続いている。世界平和統一家庭連合、かつての世界基督教統一神霊協会、略称、統一教会に関わる問題である。政府与党はそれにどう応じてよいかわからず、今まではよくなかったので今後は態度を変えると曖昧なことをいうばかりで、批判の声はさらに深まる事態となっている。どこがどうよくなかったのか、なぜ、そのような事態が生じたのか、これを明確にすることがなければ、事態の本来的な改善ができないのは当然である。この問いは統一教会をめぐる「政治と宗教」問題とよぶことができる。

世界平和統一家庭連合は長期にわたって世界基督教統一神霊協会、略称「統一教会」と名乗ってきた教団である。韓国では一九九四年、日本では二〇一五年から世界平和統一家庭連合を名乗るようになっているが、一九六〇年代以来、世界的に世界基督教統一神霊協会(統一教会、Unification Church)とよばれてきた教団なので、歴史的に理解するには統一教会と呼んだ方が理解されやすい。そこで、本書では、主に統一教会という呼び名を用いることにする。

殺害犯、山上徹也(一九八〇年生まれ)の母親は統一教会の熱心な信徒で、一九九一年頃から関わりをもち、九八年には正会員になったとされる。この頃に家財や土地を次々売り払い、一億五〇〇〇万円ともいう巨額の献金を行い、自己破産に追いやられ、家庭崩壊に陥ったと報道されている。夫が一九八四年に自殺したこと、幼少期に重い病気にかかった長男を救いたいという願いがあったことなどが入信の背後にあったとされる。そのために山上は貧困に苦しみ、大学進学も諦め、二〇〇五年には兄や妹を生命保険で財政的に助けるために自殺も試みたという。山上は統一教会のために生涯を台無しにされたと考え、深い恨みをもっていた。その思いを安倍元首相に向けたのは、政治家が統一教会を庇護し鼓舞する(お墨付きを与える)ような役割を果たしてきたことによる。山上容疑者の供述等からそう推測されている。

このことから、統一教会が多くの人々から激しい収奪を行ってきたこと、はなはだしい人権侵害が重ねられてきたことが知られるようになった。また、韓国人が教祖で、韓国に本部があるが、信徒数は世界のなかでも日本が頭抜けて多く、収奪はとくに日本で激しかったことなどが報道された。日本はサタンの影響を強く受けたエバ国家であり、アダム国家韓国の教祖に仕える責務があるという教義で、詐欺まがいの霊感商法、また、脅しやこじつけで強いる巨額献金が正当化されてきた。エバ(イヴ)こそがサタンと交わり、この世に罪をもたらし、それが現在の人々まで受け継がれてきているという。この罪を清算する(蕩減)ために、身を削るような生活をして、すべてを神に戻す(万物復帰)生活が求められる。実際には、正体隠しや脅しや偽りに満ちた伝道活動が行われる。こうした伝道活動の違法性も民事裁判で確定しているが、二〇二二年に至っても続けられていたとされる。

統一教会と政治家の関係

多くの日本国民が驚いたことは、こうした宗教団体が政権中枢の有力政治家をはじめとする相当数の国会議員、地方の首長、地方議員らと密接な関係をもってきたことだ。統一教会側は、国会議員の秘書に組織的に入り込む戦略をとり、選挙のときはボランティアとして候補の手足となって働き、票集めに奔走するなど、ひたすら選挙での得票数の増加を求める政治家にとっては「おいしい活動」を行ってきた。

また、さまざまな関連団体を通して、政治家の協力を得ることにも努めてきた。早い段階では原理研究会、勝共連合、世界平和教授アカデミー、『世界日報』、ワシントン・タイムズ、日韓トンネル研究会、続いて、世界平和連合、世界女性平和連合、真の家庭運動推進協議会、最近では、天宙平和連合(UPF)、ピースロードなどの団体名を掲げて外部者と関係を結び、相当数にのぼるのだが、主なものはホームページを見て責任者の名前を確認すれば旧統一教会系ということはすぐにわかるものが多い。教団側は布教勧誘から友好関係の形成に至るまで、「正体隠し」を戦略的に使ってきた教団として知られる。宗教団体や政治団体や暴力団などが、外向けに正体がわかりにくい団体を作って、勧誘や交流等の手段として用いることがある。これをフロント団体というが、統一教会の場合、このフロント団体がたいへん多く、教団への勧誘だけでなく、政治家や学者などとの接触にも用いていた。

安倍元首相や安倍氏に近いと言われる政治家だけではない。とくに自民党では、かなりの数の政治家が長期にわたってこの教団と交流を深めてきた。それによって政治家は自らが立候補する選挙で利益を得るという思惑があり、教団側は政治家の支持を得て自らの力を誇示することができ、違法という判断も出ている伝道活動などで強まる批判に対して、政治的庇護を得ることも期待できるだろう。まことに好ましくないもたれ合いの関係であり、国民の利益を顧みない私利の追求と見なされかねない関係である。

日本の政治家は、「反共」「勝共」や、保守的な家族倫理や性規範の強調など、統一教会が掲げる政治的理念に共鳴して協力関係をもったという面もある。批判的な報道の抑圧（報道をしにくくするための攻撃）や警察の捜査の抑制などに政治的圧力が働いた可能性も度々指摘されている。しかし、後には政治家が選挙で当選するための手段として教団を利用し、教団はそれによって政治的保護や宣伝効果などの実質的利益を得るという側面が大きくなっていった。とくに二〇一〇年以降、その側面が強まっていった。これは、政治家と教団の特殊利益協同による癒着であり、国民をないがしろにした相互利用関係とも言える。

二　公共空間に関与する宗教

公共空間における宗教の政治関与

本書は二〇二二年の後半ににわかに多くが明るみに出た、この統一教会問題を手がかりに、まずは、現代日本における政治と宗教の歪んだ関係について考え、これを民主主義の閉塞や公共空間の危機と結びつけて考えようとするものである。統一教会問題では、政治家と宗教教団が公共の福利をそっちのけにして、それぞれの個別利害を結びつけ、その結果、多大な人権侵害にもかかわらず、教団が守られ勢力を維持し、被害が継続することにもなった。

公共空間(公共圏)とは、多様な利害や価値観、世界観をもつ個人や集団が共存しつつ、共通の社会を構成しているという前提のもとに、開かれた討議と合意形成に参加していくような社会空間を指す[齋藤、二〇〇〇]。近代以降、民主主義へと向かう社会においては、政治的意思決定は公共空間を前提として行われる。宗教もかつての国教のように、他を排除する独占的な権威をもつものではなくなる。これが近代の立憲政治体制とともに成立する「政教分離」の理念である。だが、これはある種の世俗主義が考えるように政治はまったく世俗的なものであり、宗教が関与してはならないということを意味するものではない。

宗教集団がそれぞれの理念に沿った政策課題を提起し、公衆に訴える、あるいは政治家に働きかけるというのであれば、それは公共空間への宗教の関与として受け入れられる。宗教集団が宗教的理念を土台としつつ、公共空間に積極的に提起する政策や行動に対して、多数の市民が積極的に賛同するという形での関与のしかたもある。日本国憲法には「政教分離」を支持する規定があり、それに反するような形での宗教の政治関与は認められない。特定の宗教の政治関与によって、国民の信教の自由、思想・信条の自由、良心の自由が損なわれるようなことは許容されていない。宗教が独善的な主張や特殊な教団の利益を押し通すために政治に関与することも、公共空間を脅かすことになりかねない。

たとえば、二〇二〇年にはカトリック系の上智大学で開かれたシンポジウムをもとに『核廃絶　諸宗教と文明の対話』という書物が刊行されている。この書物は二〇二一年一月に発効した核兵器禁止条約を支持するものであり、日本政府にこの条約に参加するよう求める内容を基調としている。執筆者には、カトリック教会、伝統仏教、立正佼成会、創価学会、プロテスタント、金光教の関係者が加わっており、カトリック教会、立正佼成会、創価学会などは教団組織の有力者が加わっている。

また、二〇一六年には日本カトリック司教協議会『今こそ原発の廃止を』編纂委員会編『今こそ原発の廃止を』、また、教皇フランシスコ『回勅　ラウダート・シ』（原著、二〇一五年）が刊行されている。前者は脱原発を明確に主張した書物であり、後者は環境問題への真剣な取り組みを各国政府に求めた内容を含んでいる。これらは、政教分離や立憲政治体制の前提に沿って、宗教集団が公共空間に参与しようとする活動や発信のわかりやすい例である。

靖国神社公式参拝の問題

日本の伝統仏教界を統合する組織である全日本仏教会も二〇一一年一二月に、「原子力発電によらない生き方を求めて」という宣言文を出しているし、例年七月末に、首相や閣僚が靖国神社に公式参拝を行わないよう求める要請を出している。だが、この靖国神社と政治の関わりは、そもそも日本国憲法の政教分離規定をめぐって争点となってきた問題である。

一九六〇年代から、靖国神社の国家護持を目指したり、首相や閣僚の靖国神社への公式参拝を求める政治的働きかけがなされてきている。そして、そこには神社本庁や日本会議系の宗教団体も加わっている。だが、これは以下のような憲法二〇条の規定からみて妥当かどうかが問われることになる。

第二〇条　信教の自由は、何人に対してもこれを保障する。いかなる宗教団体も、国から特権を受け、又は政治上の権力を行使してはならない。

2　何人も、宗教上の行為、祝典、儀式又は行事に参加することを強制されない。

3　国及びその機関は、宗教教育その他いかなる宗教的活動もしてはならない。

また、関連して憲法八九条の規定もある。

第八九条　公金その他の公の財産は、宗教上の組織若しくは団体の使用、便益若しくは維持のため、又は公の支配に属しない慈善、教育若しくは博愛の事業に対し、これを支出し、又はその利用に供してはならない。

靖国神社への公式参拝は、神社本庁や日本会議に属する宗教団体などが支持している。一九七五年に三木武夫首相が公式参拝して以来、神社本庁や日本遺族会はこれを主たる目標とし「英霊にこたえる会」を結成して公式参拝促進の運動を進めた。ところが一九八五年の中曽根康弘首相の参拝をめぐって訴訟が提起され、一九九二年に岩手県靖国神社訴訟と愛媛県靖国神社玉串料訴訟でともに憲法二〇条、八九条の政教分離規定に則って違憲の高裁判決が出て、後者は九七年に最高裁の判決も出て確定するに至った。にもかかわらず、二〇〇一年に小泉純一郎首相が、二〇一三年に安倍晋三首相が公式参拝と見なされる参拝を行い問題となった［赤澤、二〇一七］。

憲法の政教分離の規定との関わりで問われるのは靖国神社をめぐることだけではない。代替わり儀礼（御大葬、大嘗祭・即位礼）など皇室の神道行事の一部や、伊勢神宮の地位をめぐる問題も争点となってきた。三種の神器は天照大神からニニギノミコトに授けられ、神武天皇以後の歴代天皇に受け継がれてきたものとして、神道的な意味づけが与えられている。しかし、憲法で「国民の象徴」と位置づけられている天皇の地位との関係については、宗教的意味を込めて用いることには限界があるとされてきている。しかし、頻繁に論議が行われるということでは、靖国神社問題が際立っている。

国家神道をめぐる政教分離

靖国神社公式参拝問題は、戦前に大きな影響力をもった国家神道の復活につながるものとして批判され、憲法二〇条をめぐる訴訟が行われてきた。中国や韓国からはA級戦犯が合祀されていることを理由として批判がなされているが、国内では政教分離が主な争点だ。戦前においては、諸宗教も含めて国民すべてが国家神道を受け入れなくてはならない体制になっていた。国家神道という基軸があるため、神社神道以外の諸宗教の信教の自由は抑えられ、公共空間は著しく制約されたものにならざるをえなかった。日本国憲法はこの制約を取り払い、信教の自由、良心の自由を重んじ、公共空間における宗教の関与の道が大きく開かれたと言える。

だが、新たに開かれた公共空間への宗教の関与であるが、それがすべて好ましい方向に進み、健全な公共空間の拡充につながったというわけではない。神社本庁・神道政治連盟や日本会議に所属するような宗教集団が、靖国神社への首相の公式参拝だけでなく、国家神道の復興を目指すような方向でさまざまな活動を行ってきている。これは占領終結後、早くから行われてきたもので、三種の神器の国家的意義を認めさせること、天照大神の血統を継ぎ、その命を受けて統治する存在として天皇を位置づけようとする動き、戦前の紀元節を建国記念の日として再興したことなどがその例だ。これらは、公共空間における多様な宗教や思想的立場の参与を抑圧する方向へと進む可能性があるものだ。

二〇一二年以降の第二次安倍政権では、靖国神社や天皇の代替わり儀礼以外の問題でも、国家神道の復興を目指すかのような動きが目立った［島薗、二〇二一］。その一つは伊勢神宮が国家的な地位をもつかのような機会を複数回にわたって作ったことだ。伊勢神宮では二〇年に一度、式年遷宮が行われるが、二〇一三年の式年遷宮において、安倍首相は最重要の儀式である遷御の儀に八名の閣僚を従え参列した。これは一九二九年以来、史上二度目のことである。また、二〇一六年のG7サミットにおいては、各国のリーダーたちを伊勢神宮の神聖な場である御垣内（みかきうち）に招き入れた。日本が国家神道を公的に掲げる国家であるかのような演出を繰り返したのだ。多くの国会議員が日本会議や神道政治連盟の議員組織に属していることも、政権が特定宗教に肩入れしていることを疑わせるものとなった。

創価学会問題をめぐる政教分離

他方、一九六〇年代の後半になって、新たに浮上してきた問題がある。それは、国家神道とは距離がある特定の宗教教団が、大きな政治的な影響力をもち、それが公共空間を活性化するのではなく、むしろ閉塞させるような好ましくない状況を招くのではないかという懸念である。この懸念によって批判を招いた教団としては、創価学会と統一教会が際立っている。

創価学会は一九五五年に東京都議会選挙に、一九五六年からは国政選挙に候補者を擁立し、一九六四年には公明党を設立している[中野、二〇一六]。六七年には衆議院・参議院あわせて四五議席を獲得、自民党、社会党に次ぐ第三党となった。ところが、一九六九年から七〇年にかけて、明治大学教授の政治学者、藤原弘達の『創価学会を斬る』という本が刊行されるに際して、それを妨害したとして言論出版妨害事件とされ、厳しく批判された。事件が暴露されたところから、創価学会という宗教団体と公明党という政党が一体である関係が問われ、宗教的目的のために政治団体をつくり、宗教が政治を利用していると非難された。そして、憲法の政教分離の規定に違反するとされ、結果的に宗教団体と政党の組織をはっきり分けることを求められた。

以後、公明党の役職者は創価学会での役職はもたない体制へと展開することとなる。しばらくは公明党の国会議員に創価学会以外の人物が入るようにもなった。これらをもって創価学会・公明党は政教分離の規範に従う方向へと転換したとされ一段落した。ところが、その後も池田大作会長が実質的に公明党を指導しているとの疑いが投げかけられ、自民党は政教分離に反するとして、池田会長の国会招致や証人喚問を求め、揺さぶりをかける。七九年には池田会長が会長を退き、以後、名誉会長となる。これも自民党からの攻撃を避けるためと世間からは見なされたが、それでも池田名誉会長の実質的な影響力は維持され続け、自民党からの攻撃は続いた。

結局、一九九九年に自民党と公明党との連立政権路線が定まり、その後は創価学会は自公政権の維持を目指す方向でますます選挙活動に力を入れていく。自民党やその支持者らからの政教分離をめぐる批判は影を潜めており、創価学会と公明党にとってはだいぶ外圧が下がり、楽になったと言えるだろう。他方、自民党との連立を維持するために、創価学会本来の宗教性と結びついた平和主義や人間主義・平等主義的な主張が弱められている、また、選挙に「勝利」することが宗教的な動機となり教団内の多様な政治的見解が排除されている、などの批判は続いている。

現在の創価学会の建前は、メンバーがどのような政治的な立場をとるかは自由で、公明党の政策に反対することも問題ないとされる。実際、二〇〇〇年代以降、自衛隊の海外派兵や集団的自衛権、安保法制といった問題で、自民党の政策に従う公明党の姿勢に賛成できない創価学会員は少なくなかった。池田名誉会長の平和主義的な思想にそって、反対の声をあげるメンバーもいた。しかし、声をあげた人々が、創価学会の方針に従わなかったために活動に加われなくなったという批判の声が上がっている。また、宗教組織が一丸となって選挙活動を行うことで、支持者の数以上の政治的影響力をもつことへの不信感もあり、「政治と宗教」という点で問題含みの状況が続いている。

三 危機に直面する公共空間

政治家・政治集団を利用する教団

統一教会をめぐる「政治と宗教」の問題は一九六〇年代に遡り、すでに六〇年近くに及んでいる。詳しくは第一章から第二章にかけて論述されるが、ここでは、二〇一〇年代以降の状況についてかんたんにふれておきたい。昨今、マスコミやSNSで発信される情報は、主に二〇一〇年代以降の統一教会と政治家の関係に関するものが多い。現在に近いこの時期の政治家の統一教会との関わりで顕著なのは、関わりにかなりの濃淡があり、広い範囲に及んでいることだ。

一方に、濃密な関係をもっていたが、それをできるだけ隠そうとする政治家がいる。他方、「軽さ」が際立つ政治家もいる。別の言葉で言えば、あまり深く考えずに、いわば気楽に宗教団体や関連団体との関わりをもっている政治家が多いということだ。要するに利用できるものならば何でも利用する。あらゆる機会を用いて、自らの影響力を広め、それを選挙活動に利用しようということである。「相手が誰であるか調べなどせずにとにかく頼まれれば祝電を送る」と堂々と述べた国会議員もいた。他方、かなり深い関わりをもっていたが、どういう集会につ出たか、そこで何を述べたかちっとも思い出せないと述べる大臣もいた。

だが、宗教教団側にとっては、それは政治家にお墨付きをもらうことであり、大きな利益がある。早くから勝共連合、世界平和教授アカデミーといったフロント団体は、そうした利益を得るために営まれてきた。一九九〇年代後半以降の統一教会は、ますます多くのフロント団体を作り、それらを通して国会議員、地方議員、諸方面の有力者らと関係を作ることに努めてきた。その一方で、教団は新たな信徒の獲得活動を自由に行い、また、日本の多くの信徒に巨額の献金を強いてきた。多くの統一教会二世（信徒の家族で生まれ育った人たち）は、そのかげで声を上げることもできず、ひそかに苦しみ続けてきたのだった。

統一教会と政治家・政治集団のもたれ合い

被害者や被害者を支援する弁護士等は、統一教会にお墨付きを与えるようなことをしないよう、度々自民党の政治家に要請してきた。これについては、全国霊感商法対策弁護士連絡会のホームページの「抗議書・申入書・要望書等」という項を参照していただきたい。たとえば、二〇一八年六月一日には、同会の代表世話人四名と事務局長名で「政治家の皆さん、家庭連合(旧統一教会)からの支援を受けないで下さい」という声明が出され、「全ての国会議員の皆さんへ」として掲げられている。その要旨を見ると、「昨今、国会議員、地方議員を問わず、家庭連合の集会や式典に出席し、祝電を打つという行為が目立っています。これらの祝電は、家庭連合により、自分達の活動が社会的に承認されており、問題のない団体であるという「お墨付き」として利用されます」「政治家によるお墨付きは、家庭連合による反社会的な活動を容易にし、また、是正を困難にするものとして悪用されます」と述べられている。

ところが、多くの政治家は統一教会の信徒と知りながら交流を深め、ときには信徒を秘書として用いたり、選挙スタッフとして用いたりしてきた。また、集会に参加し、文鮮明教祖や韓鶴子夫人を称賛するようなリップサービスを行うこともしてきた。講演を行って巨額の謝礼を得るといった例もあったと伝えられている。こうした教団と政治家のもたれ合いや癒着の背景には、そこに至るまでの歴史がある。一九九〇年代以降のこうした関わりの前史として、一九六〇年代から八〇年代における統一教会と政治家との関わりの歴史を振り返る必要があるだろう。

では、このような政治と宗教の好ましくない、あるいは問題含みの関係は、日本に特殊なものなのだろうか。どこに問題があり、好ましくない点があるのだろうか。それらは、民主主義の機能不全や公共空間の閉塞といった危機的事態とどう関わっているのだろうか。本書は、まずは統一教会問題を通して、この問題を考えていく。だが、現代日本の政治と宗教という問題領域で問われているのは、統一教会にとどまらない。創価学会、神社本庁、日本会議に所属する諸教団もその政治性のあり方が問われる。さらに、伝統仏教諸教団やキリスト教の諸教団、新宗教に類別される諸教団の政治との関わりも比較の対象として取り上げる必要があるだろう。

世界的な視野を含めて捉える

本書は、民主主義の機能不全や公共空間の閉塞といった危機的事態と宗教との関わりという問題を、まずは日本に焦点をあてて考えていくが、さらに少し視野を広げ、近代世界で政教分離や信教の自由の理念を先導してきたと見做されるフランスと米国についても取り上げる。これらの国でも民主主義の機能不全や公共空間の閉塞といった危機的事態に宗教が関わっていると考えられるだろうか。

政教分離＝ライシテが国是であるともされるフランスでは、一九八〇年代からカルト（フランスではセクトとよぶ）対策をめぐって長らく討議が続けられ、反セクト法が制定された。しかし、その妥当性については、その後も議論が続いている。世界でも他に例がないこの進展にはどのような意味があるのだろうか。また、これはライシテの規範とどのように関わっているのだろうか。少し時期が遅れて、フランスではイスラームをめぐって、公共空間における宗教のプレゼンスの問題も問われるようになった。フランスでは、公共空間における宗教の働きを抑える方向で討議が行われ、制度化が進んで来たのだろうか。

他方、宗教的マイノリティが抑圧を逃れ、理想の天地を求めて新世界に入り、信教の自由を柱として建国への道を歩んだとも言われる米国ではどうだろうか。憲法修正第一条が示すように、宗教に対して友好的な政教分離が国是とされる米国である。その米国でもカルト問題は大きな問題の一つだが、それ以上に原理主義的な宗教勢力の政治的影響力が問われている。とりわけトランプ前大統領の影響下で共和党が宗教勢力の意向を反映する度合いが強まっている。トランプ前大統領が統一教会と親しい関係を誇示していることも気になるところだ。他宗教に対して、あるいはジェンダーや人権を重視する人々に対して敵対的な姿勢をとりがちな、右派のキリスト教徒が米国の公共空間を閉塞させる力となることも懸念されるところだ。

本書は、二〇二二年ににわかに注目を集めるようになった統一教会問題を通して露わになってきた、現今の日本における「政治と宗教」問題を考えることを主たる目的としている。だが、それとともに現代のフランスと米国における「政治と宗教」問題を取り上げることで、日本の問題状況に異なる光を当てようとしている。それはまた、民主主義の閉塞や公共空間の危機が問われる現代世界の多様な「政治と宗教」問題へと目を向けることの必要性を示唆することにもなるだろう。その意味では、本書は二一世紀前半の日本を主たる例としつつも、現代世界の「政治と宗教」問題に対する一つの問いかけともなるはずである。

参考文献

赤澤史朗『靖国神社――「殉国」と「平和」をめぐる戦後史』岩波現代文庫、二〇一七年。
齋藤純一『思考のフロンティア　公共性』岩波書店、二〇〇〇年。

島薗進『戦後日本と国家神道――天皇崇敬をめぐる宗教と政治』岩波書店、二〇二一年。

上智学院カトリック・イエズス会センター＋島薗進編『核廃絶　諸宗教と文明の対話』岩波書店、二〇二〇年。

中野潤『創価学会・公明党の研究――自公連立政権の内在論理』岩波書店、二〇一六年。

日本カトリック司教協議会『今こそ原発の廃止を』編纂委員会編『今こそ原発の廃止を――日本のカトリック教会の問いかけ』カトリック中央協議会、二〇一六年。

教皇フランシスコ『回勅　ラウダート・シ――ともに暮らす家を大切に』カトリック中央協議会、二〇一六年。

第１章　統一教会による被害とそれを産んだ要因

島薗　進

一　霊感商法と統一教会の教説

長期にわたる統一教会の人権侵害

参議院選挙で遊説中の安倍晋三元首相の銃撃殺害という許容しがたい犯行の背後に、宗教教団への恨みがあることが次第に露わになった。山上徹也容疑者の母親が世界平和統一家庭連合(旧称・世界基督教統一神霊協会、略称・統一教会)に所属し、多額の献金を行ったことで生活が破壊されたことへの報復の意図があったという。

それにしても、宗教教団がなぜそのような恨みの対象となったのか、また、なぜそれが安倍元首相という有力政治家を対象とする犯行となったのか、という問いが生じる。政治的テロのようだという印象も消えない。このような事件が二度と起こってはならないという思いは、自ずから犯行動機の理解へと向かう。

全国霊感商法対策弁護士連絡会（全国弁連）の集計によると、二〇一五年一二月までの二八年間に全国の関係弁護士や消費生活センターが受けた相談は、約三万三八〇〇件で被害金額にして約一一七七億円にのぼるという。これほど莫大な金額の被害を顕在化させた宗教団体は他に例がない［山口、二〇一七、三七頁］。

霊感商法が行われるようになったのは一九七〇年代の中頃だが、こうした被害は一九八〇年代にはすでに広く知られるようになっていた。ところが、警察がこれらを摘発するようになったのは、ようやく二〇〇七年以後のことである［同前、一六四頁以降］。とりわけ大きなものは、二〇〇九年二月に東京渋谷の有限会社「新世」とその代表取締役の自宅、さらには統一教会渋谷教会などに強制捜査が入った事案である。この事案はその年の内に判決が出て統一教会関係者の有罪が確定している。

これに対して、統一教会側はこれらの摘発を受けた犯罪だけでなく、民事裁判で敗訴している多くの事案についても、一部信者のゆきすぎた行為であって統一教会の組織的犯行ではないと弁明するのをつねとしている。教団が各教区などに目標額を割り当て、その達成割合を示す一覧表なども提示されている〔同前、一五三頁以降〕。ノルマを課して信徒をひたすら金集めに奔走させることが宗教活動の中心といってもよいほど、大きな要素になっていた。

霊感商法に駆り立てられる日々

山口広『検証・統一教会＝家庭連合』は、こう述べている。「統一教会は霊感商法の責任を問われる度に「宗教法人としての活動はしていない。信者は営業の自由をもつし、宗教法人はそれに関知しない」という趣旨の弁解をくりかえした。／しかし、これはウソだ。元信者の誰もが、統一教会の信者だったからこそ、その教義に基づいて霊感商法をしたと述懐する。統一教会は組織をあげて霊感商法による資金集めをしてきた」〔同前、一三二頁〕。

山口氏があげている綿貫高子さんの事例を引こう〔同前、一三二―三六頁〕。高子さんは都内の大学を卒業してから六年間会社に勤めたが、「献身」のために教団の指示で退職した。「献身」とは全生活を宗教活動に捧げる決心をし、これまでの家族関係や職業生活から離脱することを指す。そして、一九九〇年一月から九一年三月までの間に、自ら記録しておいたものだけでも三一名の被害者に印鑑・念珠・仏像・宝石などを売りつけた。そのうち二七名は新宿の街頭で手相占いを口実に声をかけた人という。

『検証・統一教会＝家庭連合』に引かれている高子さんの陳述書をここでも引いておきたい。

当時は、とにかく売りつけて統一教会つまり「神側」に万物（つまりお金）をささげることが、被害者を救うことにもなる。それが原理を知った食口（信者）の使命だと信じ込まされていました。私たちがこのような使命を果たしてノルマを達成しないと、私も私の一族も皆サタンの手におちて、救われないと教えられていました。〔中略〕

私が売りつける印鑑、念珠、仏像の形式上の売主は株式会社カリタスでした。カリタスは統一教会の信者が経営している会社で、実質的には統一教会が資金集めするためにつくったものです。代金はほとんど私が被害者の方から受け取って、それを第一地区や第二地区店舗の会計担当の女性に全額わたします。そのお金はカリタスの事務所に運ばれて集計され、経費やお父さま（文鮮明）への献金になると思っていました。〔同前、一三三―三四頁〕

各店舗に毎月の目標額が指示される。これを達成できそうにないと、月末には教団の上司から何が何でもお金を集めよ、親からもらってきてもよいなどと促される。「実績が出ないということは、あなたたちがお父様のために歩んでいないということだ。もっと祈って、やれ」などと言われたという。

堕落論と「祝福」の教え

これらは詐欺まがい、脅迫まがいの手法を駆使して信徒や外部者から金を収奪する行為だが、その背後にはそうした行為を正当化する教説がある。まずは、人間がサタンの影響を受けた堕落した存在だとする「堕落論」が説かれる。旧約聖書の創世記にあるエデンの園の神話だが、統一教会はこれをサタンとエバ（イブ）が交わって人間、まずは女性に罪がもたらされ、エバがアダムと交わることによって男性に、そして子孫にも罪が引き継がれることになったとする。このように性的な欲望と性行為がもたらす罪からいかにして清められていくかが救いの課題とされる。この世は悪に満ちており、人間は罪を負った存在である――このように悪と罪が強調される暗い世界観が前提とされている。とくに性欲による罪が重いものだ。根本聖典である『原理講論』には以下のようにある。

けれども、人間の努力をもってしては、如何ともなし得ない社会悪がひとつある。それは、淫乱の弊害である。キリスト教の教理では、これはすべての罪の中でも最も大きな罪として取り扱われているのであるが、しかし、今日のキリスト教社会が、現代人が陥って行くこの淪落への道を防ぐことができずにいるということは、何よりもまた嘆かわしい実情といわなければなるまい。〔世界基督教統一神霊協会、一九六九、一七頁〕

しかし、罪から浄められ、救われていくための道がある。その救いをもたらすのが、まずは「祝福」である。神の意志を体現する教祖によって指定された相手と結婚し、特別な儀礼を経て性交を行い、結ばれることによってだとする。「祝福」がなされる合同結婚式は、そのようなきわめて重要な意義をもつ宗教的儀礼とされ、早い段階から行われてきた。性欲と罪という問題に深くこだわり、そこからの浄めを求めるが、それは統一教会のみが説く特殊な結婚によって実現できるという。「祝福」を経たカップルとその家族は理想的な生き方を具現する。そしてそれを導く教祖、文鮮明はメシアであり、イエス・キリストが実現できなかった救いを実現するために生まれた存在だという。

「韓日祝福」に見る「祝福」の危うさ

「祝福」の結節点である合同結婚式を、多くの信徒は多大な希望をもって迎える。だが、知らぬ者同士の根拠薄弱なマッチングによる「祝福」には危うい面があることはすぐに想像できるだろう。とくに「韓日祝福」と言われる韓国人男性と日本人女性の結婚に、その危うさが顕著に表れている。櫻井義秀・中西尋子『統一教会――日本宣教の戦略と韓日祝福』は、次のように述べている。

韓国の農村における男性の結婚難は一九八〇年代から社会問題化した。それに呼応するかのように統一教会は一九八八年から韓日祝福・日韓祝福を本格化した。実態としては、韓日祝福で嫁いだ日本人女性達は農村花嫁にほかならない。それを彼女達に納得させているのは、祝福の意味づけである。韓国を三六年間にわたり植民地支配した日本は人類を堕落させたエバと同じであるから、エバ国家の女性としてアダム国家の男性に嫁ぎ、夫や夫の家族に尽くして贖罪すべきと教える。韓国の農村に男性の結婚難がなければ、そして日韓の歴史的関係に植民地支配－被支配の関係がなかったならば韓日祝福は成り立っておらず、七〇〇〇人もの多くの日本人女性信者が結婚して渡韓することはなかった。結婚したいという韓国人男性と、教えを内面化することによって韓国に贖罪せねばと思う日本人女性信者とが夫婦になって韓日家庭を築いている。この点で韓日祝福は韓国社会の社会構造的な歪みの上に日韓の歴史的関係を結び合わせたところに展開された布教戦略であるといえる。

〔櫻井・中西、二〇一〇、四四七頁〕

このような結婚が困難な事態を招く可能性が高いことは十分に予想ができる。『週刊文春』の「「貧乏と乱暴に苦しみ…」合同結婚式　日本人花嫁の地獄」という記事（二〇二二年八月一八・二五日号）は次のような事例を取り上げている。

「結婚してからずっと、貧乏や夫の飲酒、乱暴に苦しんできました」。／M子は逮捕後、こう供述したという。収入は、持病があり無職の夫の生活保護費とM子が家政婦などで得た稼ぎ、日本円にして月一〇万円足らず。夫は酒を飲んでは暴言を吐き、家の中の物を投げつけた。／「生活苦に喘ぎながらも夫を扶養し、看病してきたM子はやがて鬱病に。夫を殺害後、精神鑑定で軽度の適応障害だったことも判明した」（韓国の司法関係者）。／M子は判決を受け入れ異国の刑務所に服役する。〔中略〕

統一教会が公表しているデータによれば、日本人の国際結婚相手国は七八・四％が「韓国・朝鮮」となっている（二〇一六年）。〔教団が信者以外からも参加を募っていた〕結果、集まってくるのは失業者など、国内で普通に結婚できないような男性ばかり。こうした姑息な男性信者集めが、悲劇を生む土壌となっていたのだ。／九二年の合同結婚式で韓国人男性と結婚したある日本人妻は、韓国から家族で帰国後の九六年、夫に母親を殺害された。離婚を巡るトラブルが原因だった。／冠木（かぶらぎ）〔結心（けいこ）〕氏の二番目の夫も、学歴や年齢を偽った日雇い労働者だった。夫の金銭問題に苦しみ続けた彼女はその後、韓国の山間の小さな集落に住居を移し、脱会するまで約一〇年を過ごした。「冬はマイナス二〇度になり、日本人は私一人。住居は台所もトイレもないプレハブ小屋でした」（冠木氏）。

この記事には、『統一教会――日本宣教の戦略と韓日祝福』の共著者の中西尋子氏のコメントも引かれている。「彼女たちは苦労すればするほど蕩減（罪の清算）になると信じています。一方で「信仰がなかったら離婚している」という本音を漏らす人もいました」。

「万物復帰」と「蕩減」

だが、「祝福」ですべてが解決し、救済が保証されるというわけではない。罪から浄められていくためのプロセスは「蕩減復帰原理」とよばれる。まず「復帰」だが、サタン側に奪われた万物を神の側に取り戻す（万物復帰）ということだ。森羅万象をサタンから神へと戻し、地上天国を目指すというが、実際には、とりわけ日本では、金を集めることに関心が集中することになる。また、「蕩減」とは罪を償い清算していくことだ。献金を行うこともそうだが、辛い境遇に耐えていくことも蕩減になる。信仰生活のために辛いことや悲しいことがあっても、それは罪の清算のプロセスで起こることと受け止めていく〔櫻井・中西、二〇一〇、第二章「統一教会の教説」参照〕。

アメリカは文鮮明及び教会幹部達が活動戦略を練り、政治的な活動を行う中心地であり、教義上は、アメリカが韓国を政治的にサポートすることになっている。それに対して、日本は、世界宣教、及びアメリカ・韓国における統一教会の経済活動を資金・人材の両面で支える国家だとされる。日本はエバ国家とされ……エバはアダムを堕落させたものゆえに、アダムに侍ることが教義上求められる。そのために、一九七〇年代以降、日本における資金調達は熾烈さを極め、一九八〇年代に入って、霊感商法等の経済活動を展開するに至った。その結果、日本統一教会の評判が悪くなり、従来の教団名を出した伝道方法ではほとんど新規の布教ができない状況になる。そのために、新宗教としても極めて特異な布教方法を実施することになったものと考えられる。〔櫻井・中西、二〇一〇、九四頁〕

このように悪の実在の強調と搾取が結合するような宗教活動を展開したところに、統一教会の特異性がある。そもそも悪の実在を強調する教団として統一教会は日本の新宗教としては珍しいものである。次節では、このような特徴をもつ統一教会を新宗教の歴史という文脈で捉えてみたい。

二　新宗教の歴史のなかで捉える

現世否定的な教えと現世離脱的な信仰形態

新宗教の歴史の上で、一九七〇年ごろから新しい傾向が見えるようになってきたことは、拙著『新宗教を問う』(二〇二〇年)や『ポストモダンの新宗教』(初刊、二〇〇一年)で述べたところだ。七〇年代以降に発展期を迎える新宗教諸教団を見渡したとき、そのなかに見られるいくつかの新しい特徴のなかに、現世否定的な教えとそれを反映した信仰活動や信仰生活の様態ということがある。

新宗教の歴史は黒住教が発生した一九世紀の初めごろに遡ると理解されている(『新宗教事典』一九九〇年)。そして、一九六〇年代までに発展期を迎える大多数の教団で現世肯定的、また現世志向的な考え方や行動様式が共有されていると捉えられている。この世で幸福に暮らすことが救いに通じると信じられ、家族や職場などこの世のただなかで信仰を深め、信仰を実践することが求められる。

これに対して、一九七〇年代以降に発展期を迎えた新宗教教団(「新新宗教」とよばれることもあった)のいくつかでは、現世否定的、かつ現世離脱的な傾向が見られる。現世における悪の実在を強く押し出し、現世での幸福や自然的欲望の充足にマイナスの評価を与える悲観的な現状認識が見られる。典型的な例が統一教会とオウム真理教である。『ポストモダンの新宗教』に引かれている例をここでも引く。統一教会では、人間の「堕落」、とくにその現れである

「淫乱」や敵対関係（顕在的・潜在的暴力）を見つめることが信仰の出発点となっている。

人間は堕落することによって神の宮となることができず、サタンが住む家となり、サタンと一体化したために、神性を帯びることができず堕落性を帯びるようになった。このように堕落性を持った人間達が悪の子女を繁殖して、悪の家庭と悪の社会、そして悪の世界を造ったのであるが、これが即ち、堕落人間達が今まで住んできた地上地獄だったのである。地獄の人間達は、神との縦的な関係が切れてしまったので、人間と人間との横的につながるものをつくることができず、従って、隣人の苦痛を自分のものとして体恤（たいじゅつ）することができないために、ついには、隣人を害するような行為をほしいままに行うようになってしまったのである。人間は地上地獄に住んでいるので、肉身を脱ぎすてた後にも、そのまま天上地獄に行くようになる。このようにして、人間は地上・天上ともに神主権の世界をつくることができず、サタン主権の世界をつくるようになったのである。〔世界基督教統一神霊協会、一九六九、一三六―一三七頁〕

隔離型の教団と外部社会との葛藤

こうした現世否定的な教えによって六〇年代、七〇年代の統一教会や八〇年代のオウム真理教は、若く、比較的学歴が高い層を引き寄せた。それまでの現世肯定的な新宗教が中年以降の女性を主要な担い手としたのと好対照である。そして、信仰活動も一般社会から切り離された内閉的な集団を作り、しばしば共同生活を行うことになった。統一教会では「献身」によって、オウム真理教では「出家」によって、家族やその他の世俗的な関係から隔離された生活を行うことが勧められた。『ポストモダンの新宗教』では、これを「隔離型」の「新新宗教」と捉えた［島薗、二〇二一、四三―五三頁］。

「「カルト教団」として批判されるものの多くは、この「隔離型」の教団である。このタイプの教団は部外者を敵として、あるいは良き配慮に値しない存在と見る傾向がないとはいえず、それが犯罪にまで及ぶことが少なくない理由の主要なものの一つであることは確かだろう」［同前、五一頁］。隔離型の教団のなかでも統一教会とオウム真理教に共通するのは、その初期の段階で比較的学歴が高い男性信者が多かったということである。統一教会は一九六〇年前後の早い段階から大学に原理研究会を組織し、原理運動とよばれた。彼らはホームでの共同生活を行い、学業からも離れることが多かったので、親たちを悩ませた。すでに一九六七年に「原理運動対策全国父母の会」が結成されている。

では、こうした現世離脱的な信徒集団は、一般社会とどう関わるかというと、かつての仏教の出家やキリスト教の修道院などとは異なり、攻撃的に社会に関わり、強引な、あるいは過酷な仕方で布教をしたり財を獲得する活動を行う。これが、ある種の現代的な現世離脱教団の特徴である。新たな信者を獲得したり、寄付・献金をさせたり、高利益の商品販売等で財を獲得したり、教団の組織力の拡大のために、信徒を徹底的に働かせる。したがって、教団は一般社会から隔離されながらも、きわめて効率的に集団の力を拡大させる業務遂行組織のような様態をとる。

こうした活動は現世離脱的な信仰実践が重視されることによって、かえって有効に機能するところがある。少なくとも一時期は、それによって信者獲得や献金や財の獲得において、法外な「成果」が得られることもある。

しかし、こうした活動形態は多くの被害者を生み、外部社会との間で激しい葛藤を起こしがちである。信仰によって正当化され、多くの新たな信者や財を獲得することをメンバーに強いたり、競わせるような攻撃的な活動は、巻き込まれた人の人間関係への破壊的影響や経済基盤の崩壊を招く可能性がある。

こうした葛藤が生じた場合、それを反省して慎むようになるという可能性もある。だが、むしろそれに居直ってますます葛藤を広げ深めるような形で信仰活動を続ける場合がある。その方が勢力の拡大に有利だという考え(幻想とも言い切れない)があってのことだ。統一教会の場合は多くの殺人を犯すには至っていないが、オウム真理教は次々と殺人を犯し、ついには多くの人々を巻き込むテロへと至った。ここは大きな違いである。

オウム真理教の破綻と統一教会の持続

確かにその点での違いは大きいが、内閉的で外部との攻撃的な関わりを持続し、多くの被害者や人権侵害を生み、批判を招いたという点で、統一教会とオウム真理教には類似点がある。そして、統一教会はオウム真理教に先立っており、オウム真理教が意識的にかどうかは別として、それを取り込んだという可能性もある。

始まった時期の先後ということとともに、それがどれほど長続きしたかという点でも、両教団には大きな違いがある。一九八〇年代半ばに活動を始めたオウム真理教は、そうした現世離脱的で攻撃的な信仰活動を取り入れて、およそ一〇年で自己破壊的な葛藤状態にのめり込んでいく。弁護士殺害(一九八九年)や信徒殺害(一九八八年、八九年)は何とか隠し得たとしても、一九九四年の松本サリン事件、九五年の地下鉄サリン事件で壊滅の道を歩んでいくことになった。対外攻撃的な孤立を貫く集団は、存続が困難であることを自ら実証したとも言えるだろう[島薗、一九九七」。

一方、統一教会はきわめて多くの被害者を生み、膨大な額の賠償金を被害者らに支払った。だが、それにもかかわらず、攻撃的な布教、献金要求、物品販売などを続けてきている。裁判で責任を問われたことにより、二〇〇〇年代にはきわめて多額の被害者への返金等をせざるをえなかった。それでも、安倍元首相殺害犯の母親のように一億円以上を献金し、二〇〇二年に自己破産をし、いったん五〇〇〇万円とも言われる額の返金を得たにもかかわらず、それをさらに献金してしまったという例もあった。二〇一〇年代も高額の献金によるトラブルが継続してきた。

統一教会の攻撃性、暴力性はなぜこのように持続しえたのだろうか。教団として殺人を犯すに至っていないというきわめて大きな違いに加えて、どのような要因が考えられるだろうか。一つの要因として考えられるのは、統一教会が政治的な庇護を得たということである。

統一教会は日本における布教活動の初期である一九六〇年代前半から、自民党の大物政治家や財力豊かな保守的な著名人、さらには学界・教育界の有力者らと親しい関係を結んでいる。早くも、外部社会との葛藤が露わになり始める一九六八年には国際勝共連合を設立し、これによって韓国の軍事独裁政権の長であった朴正煕大統領の支持を固め、日本の右派や自民党の右派とも手を結んだ。一九七四年には世界平和教授アカデミーを組織し、大学教授などの支持を得ることにも力を入れた。

政治的な保護が有利に働いたと思われるのは、報道による批判と警察による捜査を免れたことに関係があるのではないかという問題に関わる。これは実証は必ずしも容易ではないが、状況証拠はかなりあるものだ。

教団が立ち上がって以後の早い段階から、統一教会の宗教活動には違法性が疑われるものが多々存在した。先祖の霊が苦しんでいるとか、先祖の因縁を説かれ、高価な印鑑、壺、多宝塔等を購入させられたという苦情が、一九七八年頃から国民生活センターや各地の消費者センターに寄せられるようになった。いわゆる霊感商法で、後に他の団体も同様の手口を用いるものが出てくるが、統一教会によって始められたものの影響を受けたと推測できる。

三　社会からの批判の高まりと反撃

霊感商法から「先祖解怨」へ

有田芳生は統一教会の元信者が、霊感商法が考え出された経緯について述べている資料を示している［有田、一九九七、一四一－四三頁］。七〇年代の統一教会はマイクロ隊（マイクロバスで珍味などの物品を売る活動）に力を入れていたが、過剰に高麗人参の効能を謳って販売し薬事法違反に問われるなど、販売に行き詰まっていた。また、韓国の統一教会系企業である「一信石材」から輸入して売っていた大理石の壺の売り上げが伸びず困っていた。

そこで、それまでの体質改善をアピールするトークに代え、新たに宗教的な内容を盛り込み、「壺は霊界を解放するため」とか、「救いのためには血統を転換しなければならない」とか、「高麗人参は血を清めるため」というように体系化し、基本トークを作り上げた。この「トーク」というのは、マニュアル化された説得勧誘の語り方を指すものだ。展示会でこのような「トーク」を用いて、壺、印鑑、朝鮮人参濃縮液などを売りつける。これが成功し、一九八三年から八四年にかけての時期では、韓国の教祖文鮮明のもとに月に一〇〇億円まで送り届けることができるようになっていった。

全国霊感商法対策弁護士会のホームページに掲載されている集計では、一九八七年から二〇二一年までの間で、届け出られた被害件数がもっとも多いのが一九九〇年、被害額がもっとも大きいのが一九八七年で約一六四億円だった。

統一教会が人々に及ぼした被害は、霊感商法以外にも多々ある。批判を受け多くの訴訟が起こされ、次第に霊感商法が行いにくくなってきた一九九〇年代後半以降は、既存の信者から「先祖解怨」による高額献金を引き出すようになっていった。ジャーナリストの米倉昭仁の記事［米倉、二〇二二ａ］から「外山道子さん」（仮名）の事例を引く。

外山さんの両親は統一教会の信者で、教祖の決めたマッチングによる救いをもたらす結婚、すなわち「祝福」によって結婚している。「宗教二世」「祝福二世」である外山さんは、最近の高額献金はソウル近郊の清平（チョンピョン）にある「ＨＪ天宙天寶修錬苑（旧天宙清平修錬苑）」で行われる先祖解怨で費やされたものだという。「最近、父親が「うちは相当つぎ込んだ。ふつうに家一軒買えるくらい」って、ぼそっと言っていましたから、数千万円は献金したみたいです」。

裁判で違法性が示されるまでの時間

教団側の資料として、浅川勇雄（いさお）の解説を引く［浅川、二〇二一］。

先祖解怨は、私たちの先祖を、地獄などの霊界から天国に導く奇跡的恩恵です。それをすることは、子孫の先祖に対する愛です。罪の清算に不可欠な肉身を持たない霊人にとっては夢のような、計り知れない恩恵なのです。／子孫は、先祖から血統を通して悪い心根を受け継ぎ、苦しんでいます。先祖解怨をすれば先祖の悪因縁を清算できるので、本来の自分の姿を取り戻すことができるのです。自分の代で先祖の悪因縁を整理して、子孫に幸福の道を開きます。先祖解怨は、先祖を救って子孫に幸福への道を開くのです。

初期の教義には含まれていなかった教えで、信徒からの献金という名の収奪にはきわめて都合のよい内容である。霊感商法が行えなくなってきてから、このような教えが説かれ、新たな収奪の手段となっていった。詐欺的な献金であり、返金要求には教団側も応じざるをえないはずのものである。

このような悪質な勧誘や収奪、信徒の酷使や隷従に対して、違法の判決が次々に積み上げられていくが、それはある時期以降のことである。宗教活動そのものの違法性が裁判で次々に認定されるようになったのは二〇〇〇年代以降となる[櫻井、二〇一四、第六章]。裁判で結論が出るまでには時間がかかるが、被害は明白である。にもかかわらず、長期にわたって統一教会が加害活動を続けることができたのはなぜか。全国弁連は一九八七年に結成され、啓発広報活動を行ってきている。批判的な記事や書物を公表してきたジャーナリストもいないわけではない。だが、日本宗教学会などの関連学会がこれをしっかり取り上げ問題にしてきたかというと不十分だったと言わねばならないだろう。日本宗教学会の会員であり、新宗教研究を行ってきた宗教学者として反省せざるをえないところだ。

だが、それ以上に問わなければならないのは、マスメディアによる批判的な報道がどれほどなされたか、また、警察による捜査がどこまでなされたかということである。悪質な活動をしてきた宗教団体で、一九八〇年代、九〇年代にほぼ壊滅に至ったものは、オウム真理教以外にもいくつもある[藤田、二〇〇八]。その多くはマスメディアによる厳しい批判があり、警察による取り締まりを受け、厳しい判決を受けるなどして活動ができなくなっている。統一教会の場合、そういう事態に至っていないのだ。

統一教会の批判者への攻撃

この点で考えなくてはならないのは、統一教会側の恫喝や政治家の力が働いて、マスメディアや警察による取り締まりが進まなかったという可能性である。一九八〇年代の中頃に統一教会に批判的な発言をしていたメディアや書物は共産党系のもの、キリスト教の牧師によるもの、一部のジャーナリストによるもの以外ほとんどなく、唯一目立ったのは朝日新聞社から刊行されていた『朝日ジャーナル』である。同誌を筑紫哲也が編集していたのは一九八四年から八七年のことである。当時、それらの記事を書いていた藤森研記者は、次のように述べている。

「八六年一二月ごろ、霊感商法追及キャンペーンを始めてすぐのころでした。当時、僕は東京・三鷹の借家に住んでいた。家主の息子が「未明から変なワンボックスカーが向かいに停まっている。中には屈強な若者が何人か乗っていてこちらをずっと見ているよ」って、知らせてくれた。それが嫌がらせ、個人攻撃の始まりでした。」休日、家にいると嫌がらせ電話がかかってきた。「「この世界で飯を食えなくしてやるからな」とか、いろいろなことを言うわけです。それから、なぜか娘の名前を知っていた。「〇〇ちゃん、元気？ふふふ」。心配になって、下校時に迎えに行った。そんな電話がじゃんじゃん続いた。」［米倉二〇二二b］

『朝日ジャーナル』が統一教会の霊感商法を批判する記事を掲載するのは一九八六年の秋からだが、実はその前に『文藝春秋』一九八四年七月号が統一教会の内部告発記事を掲載していた。「これが「統一教会」の秘部だ——世界日報事件で〝追放〟された側の告発」と題されたもので、執筆者は副島嘉和と井上博明である。副島と井上は統一教会の熱心な信徒であったが、統一教会が一九七四年に始めた日刊紙『世界日報』の発行を任され、それぞれ編集局長と営業局長だった。

『文藝春秋』の内部告発記事

発行部数が七〇〇〇部しかなく統一教会からの資金でかろうじて刊行されていたという『世界日報』だが、八〇年に入社した副島らは統一教会色を薄めて広い読者を得る方向へと舵を切った。ところが、それを好まない教団側によって副島らは暴力的に追い出され、『世界日報』から離れることになった。その経緯を述べるとともに、統一教会の内部告発を行ったのが『文藝春秋』掲載記事である。その中には、統一教会では韓国こそ選民の国であるとされ、将来は韓国が世界を統一するとか、日本と中国はサタンの国であるなどと説かれていることも述べられていた。

統一教会は、韓国で生れ、韓国人「文鮮明氏」を教祖とする宗教であることは、いうまでもない。そのために、信仰儀礼などに、いくばくかの韓国習俗的なものがあることは仕方がないとしても、問題はただそれだけでなく、「韓民族」が選民であり、他民族に優越していると説くことである。この考え方は、キリスト教本来の世界宗教としての性格を否定することになる。選民に対する考え方こそが、民族宗教と世界宗教を分つ点である。

このようにみれば、「韓民族」が選民であるとか、韓国が世界の中心であるという考え方は、キリスト教の正統をつぐ世界宗教としての統一教会という原則と明らかに矛盾する。しかし、統一教会の教典「原理講論」の韓国版には、そのことを明示した記述がある。

ところが、この部分は当時の日本語版の「原理講論」から意図的に削除されてきたのである。

韓国版『原理講論』の第六章第三節「イエスはどこに再臨されるか」の以下の個所に、「韓民族」を選民とし、韓国語が祖国語、世界共通話になるなどの韓国中心主義、世界宗教とは異質な韓国の民族宗教的なものであることが示されている。

さらに、米国在住の文鮮明教祖の私邸で、教祖一族に対し日本の天皇他、各国元首がひざまずいて拝礼する儀式が行われているといったことも書かれていた。

統一教会が四大名節と呼ぶ記念日には、早朝五時からの敬礼式という儀式があり、そこでは聖壇に座った「文氏」とその家族に対し、統一教会の主要幹部が三拝の拝礼を行う。場所はだいたい「文氏」の私邸であるアメリカ・ニューヨーク州のイーストガーデンである。その際、天皇陛下をはじめ、レーガン大統領、全斗煥大統領ほか主要国の元首の身代りを、それぞれその国の教会幹部が担当し、文教祖一族に拝跪して全世界の主権者が文教祖に拝礼したという儀式を行うのである。

日本の天皇陛下の身代りを演ずるのは、日本統一教会会長の久保木氏〔久保木修己氏のこと――島薗〕なのである。何とも奇妙で、そして国民の象徴として天皇を上にいただく日本国民としては見逃せぬ情景ではないか。

副島襲撃事件と岸信介の文鮮明支持表明

ところが、この記事が掲載される『文藝春秋』七月号が店頭に並ぶ日の一週間ほど前(六月二日)に、副島が帰宅途中に何者かに襲撃され、全身を刺され瀕死の重傷を負うという「副島襲撃事件」が発生した。副島は三度の手術を経てかろうじて一命を取り留め、その後、『インフォメーション』という情報誌を立ち上げ、統一教会、勝共連合を糾弾する論陣を張り続けた。ところが、大手マスコミは事件関連の記事をほとんど掲載せず、副島はマスコミのこの態度に失望したという。副島らはこの事件前後の統一教会との確執に関して新たに原稿を書き『週刊文春』に持ち込んだが、採用されなかったという。結局、この副島襲撃事件は統一教会批判につながるようなことはなく、九一年に公訴時効を迎えている。

この事件の犯人が統一教会関係者であるかどうかは分からないが、統一教会の攻撃対象となるような報道をしたくないという気持ちが当時のマスコミに生じた可能性がある。マスコミ関係者を恐れさせるような何かを統一教会がもっていたと考えざるを得ないのだ。

なぜ、マスコミは副島襲撃事件を積極的に取り上げようとしなかったのか。なぜ、一九八四年以後、数年間の霊感商法批判の記事などが『朝日ジャーナル』などの発行部数がさほど多くないメディアに限定されたのか。一つの参考になる事柄として、この一九八四年の一一月、統一教会・勝共連合の支持者である岸信介元首相が米国のロナルド・レーガン大統領に向けて、統一教会の教祖、文鮮明を擁護する手紙を送っていたという事実がある。

文鮮明は七〇年代にはコリアゲイトとよばれるKCIAが絡んだ米国での政界財界工作等に関わり、米国議会下院のフレイザー委員会の調査を受け、その後、脱税容疑で一三カ月服役し、八五年に釈放されている。この収監中の文鮮明を救おうとして岸信介が草した熱誠あふれる文章には、次のような内容が含まれていた(『週刊新潮』二〇二二年七月二八日号)。

「文尊師は、現在、不当にも拘禁されています。貴殿のご協力を得て、私は是が非でも、出来る限り早く、彼が不当な拘禁から解放されるよう、お願いしたいと思います」。

「文尊師は、誠実な男であり、自由の理念の促進と共産主義の誤りを正すことに生涯をかけて取り組んでいると私は理解しております」。

「彼の存在は、現在、そして将来にわたって、希少かつ貴重なものであり、自由と民主主義の維持にとって不可欠なものであります。私は適切な措置がとられるよう、貴殿に良き決断を行っていただけますよう、謹んでお願いいたします」。

元首相で政界の有力者である岸信介は、文鮮明に対して熱い敬意と強い支持を表明していた。そのような人物に絶大な影響力をもつ宗教教団が統一教会なのである。

文藝春秋という出版社は、その教団を厳しく批判するような文章を社名を冠した月刊誌に掲載し、そのために執筆者が襲われ、瀕死の重傷を負う事件が起こった。その後、執筆者が批判した団体をさらに追及するような記事の掲載を月刊誌や週刊誌で続けることもできたかもしれない。大手新聞社など他の大手メディアも、報道に対する脅威としてこの事件に立ち向かうこともできたのではないか。しかし、大手メディアはそういう方向には動かなかった。その背後に、岸信介が大きな影響力をもつ政権与党の意思が働いていないだろうかと疑念をもつのは自然だろう。

四　取り締まりが行われなかった背景事情

赤報隊事件をめぐって

副島襲撃事件から二年以上が経過して、いわゆる赤報隊事件が起こっている。赤報隊事件とは一九八七年の一月から九〇年の五月にかけて、「赤報隊」を名乗るグループが新聞社や要人などをねらって銃撃、襲撃、放火などを犯した諸事件をいう。そのうち五件は朝日新聞社の施設をターゲットとしており、八七年の五月の朝日新聞阪神支局襲撃事件では、朝日新聞の記者二名が殺傷されている。その犯行声明文は新右翼的な内容だが、事件直後に「とういつきょうかいの　わるくちをいうやつは　みなごろしだ」という脅迫状が事件で使われた銃弾と同一の薬莢二個と同封されて、統一教会名で『朝日ジャーナル』の編集長をしていた筑紫哲也宛に届いていた。

このことから、犯人は統一教会関係者ではないかという推測もなされているが、決定的な証拠はなく、時効により迷宮入りとなっている。だが、統一教会の関連企業に銃砲店があることはよく知られており、統一教会メンバーが武装訓練をしていたという報告もある。元朝日新聞記者で、朝日新聞社内でこの問題を追及する「特命取材班」のメンバーであった、樋田毅による『記者襲撃』はこのあたりの情報を克明にたどっている。

その後、『朝日ジャーナル』は廃刊になり、かわりに『ＡＥＲＡ』が刊行されることになる。これは朝日新聞社が圧力に譲歩した、あるいは逃げたのではないかという見解もあるが、これも一つの推測にとどまる。しかし、このような推測がなされるということ自体が、統一教会に対する恐怖の存在を示している。恐怖があれば、報道への抑制も働くと考えざるをえないだろう。マスコミの報道が萎縮したのではないか、警察の捜査が十分になされたのだろうか、という疑問も避けられないところだ。

この赤報隊事件の頃は、統一教会と自民党との関係がひときわ深くなっていったという報告もある。『週刊金曜日』一三九二号(二〇二二年九月九日)で有田は、一九八六年七月の衆参ダブル選挙後に、統一教会がよりすぐりの女性信徒を集め、議員秘書になるための特訓研修を行ったことについて述べている。

一九九三年の警察の捜査の可能性

一九九三年から九五年にかけても、統一教会への取り締まりが始まる可能性があったが、実現しなかったという報告がある。一九九二年から九三年にかけては大規模な合同結婚式のニュースや霊感商法に対する批判の高まりなどによって、統一教会には厳しい視線が向けられていた時期である。それはまた、東西冷戦の終結やソビエト連邦の崩壊の後の時期で、「反共」の理念がインパクトを弱めた時期である。文鮮明は一九九〇年にソ連のゴルバチョフ首相と、九一年には北朝鮮の金日成主席と面談した。北朝鮮には多額の金が渡されたと伝えられているが、その帰途、北京で「私の勝共思想は共産主義を殺す思想ではなく、彼らを生かす思想、すなわち人類救済の思想」とする声明文「北朝鮮から帰って」を発表している。同時期にこれまでの勝共連合に替えるかのように、新たに世界平和連合を設立してもいる。

この北朝鮮訪問の結果、一九九二年以降、文鮮明の故郷である北朝鮮北部の定州への日本人信者による「聖地巡礼ツアー」が可能となった。そして、九二年三月には来日し、中曽根康弘元首相と面談している。米国で脱税容疑で有罪判決を受け収監されたことがある文鮮明は、日本への入国が認められていなかったのだが、突然来日したのだ。これは、当時、自民党副総裁だった金丸信から法務省に圧力がかかったためだとされている。しかし、同年八月には金丸信は東京佐川急便から闇献金を受けたということが露わになって失脚する。

TBSの警察担当の記者だった川邊克朗は「自民党・統一教会・公安警察、「三つ巴の暗闘」の恐るべき歴史」(『現代ビジネス』二〇二二年七月二九日)という記事で、一九九三年五月の公安警察による統一教会への「宣戦布告」について、次のように述べている。

警察庁の当時の菅沼清高警備局長は、居並ぶ全国の都道府県警の警察本部長を前にして、こう警告した。出口なおが開き、出口王仁三郎が発展させた戦前の大本教を引き合いに出し、「統一教会、勝共連合は、やがて大きな社会問題になる」と言ったのである。

それまでも公安警察と統一教会の緊張関係はすでに高まっていたが、このころ取り沙汰

されるようになった、北朝鮮と統一教会の奇妙な関係が当局の方針転換を決定付けたようだ。〔中略〕

文鮮明を教祖とする統一教会は、日本国内では一九七一年に設立した幸世商事を拠点にして、原価がいくらにもならない印鑑や石塔などを高値で売りつける、詐欺まがいの霊感商法を展開した。のちに幸世商事はハッピーワールドと改称、一九八〇年代後半には、霊感商法が大きな社会問題を引き起こしていた。

しかし、その一方で反共思想を掲げて自民党中枢など保守勢力に深く食い込んでいたため、公安警察も容易に手を出せない状況が続いていた。

冷戦が終わり、統一教会が北朝鮮との連携姿勢を見せるに至って、いよいよ統一教会の取り締まりに入るという姿勢を示そうとしていた。ただ、一九九二年の段階では金丸信や中曽根康弘と友好関係にある教祖が率いる教団に捜査に入ることは難しかっただろう。金丸が失脚した九三年、警察はいよいよ統一教会への捜査に入る体制を固めようとしたらしい。ところが、捜査は始まらなかった。川邊はこう続けている。「このころ、なぜか後発組の「オウム」ウォッチングを本格化させることになる」。

一九九五年の警察の捜査の可能性

一九九五年にも警察が統一教会の取り締まりに乗り出すという情報があった。先にもあげた『週刊金曜日』一三九二号に掲載された青木理との対談「統一教会の捜査を阻んだのは何だったのか?」で、元国会議員でジャーナリストの有田芳生は次のように述べている。

有田　九五年三月二〇日に地下鉄サリン事件が起きました。同二二日にオウムに強制捜査が入り、五月一六日に教祖の麻原彰晃(本名・松本智津夫)が逮捕されました。その年の秋頃、警察庁と警視庁の幹部から、統一教会についてレクチャーしてほしいと頼まれました。その際、警察庁幹部からは、「誰が集まったかは聞かないでほしい」と念を押されました。場所は東京・麴町の小さな部屋。目つきの鋭い人たちの前で、統一教会の現状や霊感商法、朝日新聞を襲撃した赤報隊に関する疑惑などを一時間ほど話しました。質問はまったくありませんでした。だが、その後、捜査に動きはなかったのです。

一〇年後の二〇〇五年、私をレクチャーに呼んだ幹部と三人で食事をした際、「「かなりの情報源ができた。経済事件から入る」という話だったが、なぜ(統一教会をやらなかったの)か」と聞くと、「政治の力だ」と。つまり、圧力があったということでした。

これについては、その頃、通信社で警視庁記者クラブの公安担当記者だったという青木も、

「一九九四年の年末だった思いますが、ある情報源から「公安部が統一教会に関する大規模な情報収集をはじめた」と聞かされました」と述べている。そして、「いつしか統一教会に関する警察の動きはパッタリと止まってしまうのです。怪訝に思って公安部の最高幹部に尋ねたら、「あれはもう終わった」と。理由を尋ねたら「政治の意向だ」と」。有田と青木の記憶はほぼぴったり一致している。

おわりに

政治と宗教の歪んだ関係と自由の抑圧

統一教会が犯罪的な行為に関わっているのではないかという情報が出てくるときに、マスコミはそれを積極的に取り上げない、そしてそのこともあって警察も捜査や取り締まりを強力に進めようとしなかったのではないか。統一教会という教団には、このようなかなり厚い不透明なモヤがかかっていた。二〇二二年の安倍元首相殺害事件によって、初めてそのモヤがいくらかなりと晴れる気配がある。それにしても長い時間がかかっている。これは他の「カルト」的団体とはだいぶ隔たりがある。

一九六〇年代に自民党の有力者と統一教会が結んだ絆が、長期にわたって作用し、教団の影響力拡大に寄与するとともに、教団の違法性が疑われるような活動を後押しするような作用を及ぼしたと考えられる。多くの被害者を生む教団が長期にわたって存続し、攻撃性を抑えたとしても限定的なものにとどまり、政界との連携を維持しさらに強化して今日に至っているのは、マスコミや警察を押さえ込むような力が働き続けたという事情を考えざるを得ない。

副島襲撃事件や赤報隊事件について以上に述べてきたことは、樋田毅『記者襲撃』に多くを負っている。『記者襲撃』では、元警察官僚で総理府総務副長官もしていた弘津恭輔の「α連合〔勝共連合を指す──島薗〕が少々むちゃをしても、共産党への対抗力だから許される」という言葉〔樋田、二〇一八、一六五頁〕や、大阪府警の不祥事を報道しようとしたとき、大阪府警本部長が述べた「朝日新聞には阪神支局事件の捜査や、新聞社の警備などで貸しがある。そのことを踏まえ、記事掲載をやめていただきたい」との言葉〔同前、二〇〇頁〕が引かれている。赤報隊事件を焦点とする『記者襲撃』の叙述の根底にある問題意識だが、統一教会問題を考える上で示唆するところが大きい。

「政治と宗教」の歴史への新たな視点

この章では、一九九五年頃までの時期を視野に入れて、①統一教会の教説の概略、②新宗教の歴史の中でのその特徴、③若い信徒の囲い込みから霊感商法へ、そして先祖解怨へという活動形態の変遷の概略、④現世への否定的な評価と外部への攻撃的な姿勢から被害を生みやすい特徴をもっていたこと、⑤批判の声はあったものの、教団側の激しい反撃もあってメディアの萎縮が生じた可能性、⑥警察の取り締まりの機会はあったにもかかわらずそれがなされなかったこと、⑦それらの背景に「政治の力」が働いた可能性が高いこと、などについて述べてきた。

もちろん、これらは統一教会における「政治と宗教」のすべてではない。統一教会の七〇年足らずの歴史でいえば、主に前期、中期について述べている。現在から見るとやや古い時期のことが多いが、また、被害が大きかった時期でもある。統一教会をめぐる「政治と宗教」についても、現在まで続く問題の基盤が形成されていった時期である。

戦後政治の歴史から見れば、自民党の政権が長く続いた時期のことで、表には出にくい強権的な性格を垣間見ることにもなった。戦後政治の暗い側面を顧みることにもなる。戦後日本における宗教史という点からも、言論・報道の自由、思想・信条の自由、良心の自由を考える上でも、さらに丁寧に調べ解明していくべき課題につながるものだ。この度の統一教会問題によって、戦後日本の「政治と宗教」を考える上で新たな視角が浮上してきているとも言えるだろう。

日本における公共空間の展開、また、公共空間における宗教のあり方の歴史という点からの統一教会問題は、終章であらためて見直していくことにしたい。

参考文献

浅川勇雄『先祖を幸福に導く先祖解怨・祝福』29(アプリで読む光言社書籍シリーズ、二〇二一年三月二一日掲載)、https://www.kogensha.jp/news_app/detail.php?id=10390
有田芳生『「神の国」の崩壊――統一教会報道全記録』教育史料出版会、一九九七年。

有田芳生・青木理「対談 統一教会の捜査を阻んだのは何だったのか?」『週刊金曜日』一三九二号、二〇二二年九月九日。

井上順孝ほか編『新宗教事典』弘文堂、一九九〇年。

川邊克朗「自民党・統一教会・公安警察、「三つ巴の暗闘」の恐るべき歴史」『現代ビジネス』二〇二二年七月二九日。

櫻井義秀『カルト問題と公共性――裁判・メディア・宗教研究はどう論じたか』北海道大学出版会、二〇一四年。

櫻井義秀・中西尋子『統一教会――日本宣教の戦略と韓日祝福』北海道大学出版会、二〇一〇年。

島薗進『現代宗教の可能性──オウム真理教と暴力』岩波書店、一九九七年。

──『新宗教を問う』ちくま新書、二〇二〇年。

──『ポストモダンの新宗教』法蔵館文庫、二〇二一年（初刊、東京堂出版、二〇〇一年）。

「週刊新潮」編集部「「文尊師は誠実な男」岸信介が統一教会トップを称賛した〝異様〟な機密文書」『週刊新潮』二〇二二年七月二八日号。

「週刊文春」編集部「「貧乏と乱暴に苦しみ…」合同結婚式 日本人花嫁の地獄」『週刊文春』二〇二二年八月一八－二五日号。

世界基督教統一神霊協会『原理講論』第六版、光言社、一九六九年。

副島嘉和・井上博明「これが「統一教会」の秘部だ──世界日報事件で〝追放〟された側の告発」『文藝春秋』一九八四年七月号。

樋田毅『記者襲撃』岩波書店、二〇一八年。

藤田庄市『宗教事件の内側──精神を呪縛される人びと』岩波書店、二〇〇八年。

山口広『検証・統一教会＝家庭連合──霊感商法・世界平和統一家庭連合の実態』緑風出版、二〇一七年。

米倉昭仁「【前編】両親が数千万円を献金して人生を壊された「統一教会2世」の告白「教団への恨みという点では山上容疑者と同じかもしれません」」『AERA dot.』二〇二二年七月二〇日（二〇二二

二a)。

――「旧統一教会「霊感商法」を本格追及した朝日ジャーナル名物記者への非道な抗議と嫌がらせ電話の「中身」」『AERA dot.』二〇二二年八月九日(二〇二二b)。

第2章　統一教会と政府・自民党の癒着

中野昌宏

凶弾に斃れた安倍元首相

二〇二二年七月八日、奈良市で演説中に安倍晋三元首相が銃で撃たれて死亡した。殺人の疑いで逮捕されたのは、同市在住・無職の山上徹也容疑者であった。犯行の動機は、母親が信仰している統一教会への高額な献金によって家庭と生活を破壊された恨みであり、統一教会のトップ韓鶴子（ハン・ハクチャ）総裁を恨んでいるが直接狙えないので、国内で統一教会を広めた安倍に狙いを定め復讐を果たしたこと、犯行前にジャーナリスト・米本和広に宛てて心境を綴る手紙を送っていることなどが当初報じられた。

事件後の報道によって急速に明らかになってきたことは、山上容疑者の考え――統一教会と自民党とが長年にわたり協力関係を持ち続けていたこと、岸信介・安倍晋太郎・安倍晋三の三代はつねにその中心にいたこと等――が「思い込み」などではなく、歴史的事実であったということである。

さらに、この凶行の直接のきっかけとなったのは、統一教会関連団体への安倍のビデオメッセージを山上容疑者が見たことであると今では報じられている。二〇二一年九月一二日、安倍晋三元自民党総裁・首相は、「天宙平和連合(UPF)」のイベント「神統一韓国のためのTHINK TANK二〇二二 希望前進大会」において、トランプ前アメリカ大統領に続いてビデオメッセージで登壇し、以下のような祝辞を述べたのだった。

ご出席の皆さま、日本国、前内閣総理大臣の安倍晋三です。UPFの主催のもと、よりよい世界実現のための対話と諸問題の平和的解決のために、およそ一五〇カ国の国家首脳、国会議員、宗教指導者が集う「希望前進大会」で、世界平和を共に牽引してきた盟友のトランプ大統領とともに、演説する機会を頂いたことを光栄に思います。特に、このたび出帆した「THINK TANK二〇二二」の果たす役割は、大きなものがあると期待しております。今日に至るまでUPFとともに、世界各地の紛争の解決、とりわけ朝鮮半島の平和的統一に向けて努力されてきた、韓鶴子総裁をはじめ、皆さまに敬意を表します。

UPFとは、統一教会の教祖である文鮮明(ムン・ソンミョン)と、その妻で統一教会総裁の韓鶴子が二〇〇五年にニューヨークで創設したNGOであり、統一教会のいわゆる「友好団体」である。

安倍晋三のこのビデオメッセージは、安倍本人が統一教会のスタジオに実際に出向き、あたかもイベントに登壇しているかのような演出で撮影されたものである[鈴木、二〇二二、二七一頁以下]。このように手の込んだ祝辞を述べ、イベントに協力しているということは、彼は統一教会の活動を公に是認していると見るほかはない。あまつさえ安倍はこのメッセージの中で、「UPFの平和ビジョンにおいて、家庭の価値を強調する点を、高く評価いたします」と発言した。まさに教団に家庭を破壊された山上容疑者が、このビデオを目にしたのである。彼の起こした行動が肯定できないものだとはいえ、この瞬間の彼の胸中は、想像に難くない。

われわれ一般国民にとっても、長年霊感商法などの違法行為等によって「反社会的」と指摘される統一教会に対して、日本国・前内閣総理大臣としてお墨付きを与えるなどということはあってはならない事態である。しかしまた、それ以上に驚くべき、かつ不気味なことは、大手新聞・テレビ等がこの事態を全く報じなかったことである。二〇〇六年に安倍晋三事務所がUPFに祝電を打ったときには、各社メディアがその事実を報じ、また全国霊感商法対策弁護士連絡会(以下「全国弁連」)が抗議文を寄せるなど、社会的にも大いに問題になった。このとき祝電の内容までは不明であったが、しかし、今回は祝辞の内容全文がYouTube等で確認可能であり、もっと大きな問題になってしかるべき問題であったはずなのである。にもかかわらず、一部週刊誌・ネットメディア等を除いては、大手新聞・テレビはほぼ完全に沈黙した。事態が世間の目に明らかになったのは、銃撃事件をきっかけにしてである。このことは何を意味するのだろうか。

本邦の政権与党たる自由民主党と、韓国発祥の統一教会との親密な関係は、従来から新聞・週刊誌報道等により指摘されてはきた。「親泣かせの原理運動」「霊感商法」「合同結婚式」などセンセーショナルな面がよく取り沙汰されてきたが、しかし統一教会と自民党の関係について体系的な解説はほとんどなかった。このテーマのジャーナリズムとしては、鈴木エイトの『自民党の統一教会汚染——追跡3000日』(小学館、二〇二二年)が白眉であるが、時系列的な整理として拙稿「統一教会・自民党関係史——その外在的・内在的つながり」(『世界』二〇二二年九月号所収)もある。実は鈴木や私の原稿は事件前に完成していたのだが、訴訟リスクに耐えられないとして、出版してくれる会社/媒体が見つからなかったのだ。事件によって唐突に統一教会問題に注目が集まり、唐突にタブーが破られたのである。この、メディアが抑制されていたという事実が、ある種の不気味な「力」を感じさせる。

他方、有田芳生は、統一教会に長らく警察の強制捜査が入らない理由について、警察幹部からの情報として「政治の力」だと喝破した。こうした「調べさせない力」「伝えさせない力」が何十年ものあいだ働き続け、その結末が霊感商法被害の蔓延・継続であり、立憲主義や民主主義の有名無実化という政治的退廃であり、その立役者本人までがついに命を取られてしまったあの銃撃事件だった、と言えるのではないか。裏返して言えば、銃撃事件で殺害された人物、ないしその人物を頂点に据える構造から発する権力こそが、「調べさせない」「伝えさせない」タブーを形成してきた。そのようなことが言えるのではないかと思える。

通奏低音としての反共イデオロギー――勝共連合以前の国際的文脈

統一教会の設立は一九五四年、自民党結党は一九五五年。当初関係はないが同時代である。これが六〇年代を契機に絡み合うのである。この背景には朝鮮戦争後の世界における国際共産主義の脅威と、それに対抗しようとする反共ネットワーク形成への策動がある。迂遠に見えるが、まず五〇～六〇年代の、両者を取りまく国際情勢を見ておきたい。

「反共産主義=反共」というイデオロギーは、まずは一九四七年のトルーマン・ドクトリンに遡ることができる。翌年四八年正月のロイヤル陸軍長官の演説における「日本を反共の防壁に」との発言があり、ここから日本のいわゆる「逆コース」が始まる。逆コースとは、それまではアメリカをはじめとする連合国が日本の武装解除と民主化を進めてきたが、そこから路線を一八〇度転換させ、日本の再軍備化・再権威主義化を進めたことを指す。ニューヨーク・タイムズの記者ティム・ワイナーが言うように、「第二次世界大戦においては、アメリカはファシストと戦うことを、共産主義者との共通の大義としていた。冷戦においては、CIAは共産主義者との戦いにファシストを利用した」［ワイナー、二〇一一、上、八二頁］。そのため巣鴨プリズンの戦犯たちは釈放され、公職追放者は次々と復帰した。歴史家のエイコ・マルコ・シナワは、より俯瞰的・客観的な視点から次のように言っている。

> 敗戦の灰燼からよみがえった保守派の政治家の中には、いまだに祖国愛と共産主義への憎悪に根ざしたイデオロギーにしがみついている者もいた。彼らはフィクサー、ヤクザ、大企業、そして新たな同盟相手であるアメリカからなる保守派のネットワークを形成するのに一役買った。これが、一九二〇年代、一九三〇年代の国家主義ネットワークに酷似して見えるのは偶然ではない。プレーヤーの多くはかつての国家主義者、軍国主義者である。彼らは共産主義を何よりも恐れ、社会主義者から力を奪おうと目論む占領軍と思いを同じくすることによって、いわば第二の人生を与えられた者たちだった。

［シナワ、二〇二〇、二二四頁］

これと時期を前後して、朝鮮半島では北緯三八度線の北に朝鮮民主主義人民共和国が建国され（四八年九月九日）、中国では国民党と共産党の内戦によって国民党が台湾に押し出され、共産党によって中華人民共和国が建国された（四九年一〇月一日）。したがって、日本を中心としつつ韓国と台湾をも「反共の防壁」の一角に加えることが、アジアにおけるアメリカの世界戦略となる（ヨーロッパでは四九年に北大西洋条約機構＝NATOが設立されている）。そしてこうした背景のもとで、一九五〇年の朝鮮戦争が勃発するのである。

このような国際情勢の中、統一教会の教主となる文鮮明はこの時期をどう過ごしていたのか。一九二〇年生まれの文鮮明（本名は文龍明）は、一六歳のとき（一九三六年）にイエス・キリストにメシアとして啓示を受けたという。が、一説によれば彼はその時期、早くも十代の頃から李龍道なる人物の「イエス教会」に出入りしていたようである［萩原、一九八〇、五四頁］。この派はキリスト教の独自解釈から生まれた「混淫派」と呼ばれるもので、「血分け」「肉体分け」を旨としている。すなわち教主・メシアの血は罪穢れのない特別なものであり、これを他の信者に分け血を清めるために、教主が信者と性交を行うことを「血分け」「霊体交換」「血統転換」等というのである。

一九四八年、文鮮明はソウルに妻子(妻＝崔先吉)を残したまま、平壌で別の主婦(金鐘華)と「強制結婚事件」を起こして二度目の逮捕となり、懲役五年の判決を受けた。興南刑務所に服役し、硫安工場で過酷な強制労働に従事させられたが、この刑期途中で朝鮮戦争が勃発、北進してきた米韓連合軍の手によって文鮮明は「解放」されたのだった。

一九五五年の「梨花女子大学事件」はこの「血分け」の延長に生じた、しかも規模の大きな、異常な事件である。教授・助教授五名と女子学生たち数十名が原理に傾倒してしまい、「涙を流して興奮状態に陥っていた」[萩原、一九八〇、七六頁]。当初大学は教授に内偵をさせようとするが、ミイラ取りが次々にミイラになってしまう。驚いた大学が解雇・退学という強行措置に出たため、その面でも社会の関心を集めることになった。

問題は、この事件でもちろん逮捕者は続出したが、姦通事件は親告罪であるため、確証のある姦通が少なくとも七件あったにもかかわらず、起訴に至らなかったことである。

この事件で文鮮明や幹部らが不起訴になった背景には政治的な取引があった、と今日では見られている。文鮮明は北で二度逮捕投獄され、共産党および共産主義に対して深く激しい恨みをもっていた。文鮮明のこの強烈な反共意識に、KCIAの前身である軍の諜報機関CIC(陸軍保安司令部)が着目したようである[萩原、一九八〇、八四頁]。韓国軍諜報関係の若手将校が次々と入信しているのは偶然ではない。このとき入信したのは朴普熙、韓相国、金相仁、韓相吉の四名。ちなみに朴正煕、金鐘泌も韓国軍諜報部門の出身である。

一九六一年五月一六日には、朴正煕による軍事クーデターが起こる。朴正煕はクーデター直後に「反共法」を制定した筋金入りの反共主義者であり〔文京洙、二〇一五、九二頁以降〕、かつ、安倍晋三が「祖父（岸信介）と親友だった」と述べている人物である（「安倍『祖父と朴正煕大統領親友だった』」『ハンギョレ』二〇一三年二月二四日付）。クーデターの一カ月後の七月四日、金鐘泌をトップとする韓国中央情報部＝ＫＣＩＡが設立される。こうして朴軍事政権・ＫＣＩＡと統一教会は、先の四名によって橋渡しされることになるのである。

なお「勝共」なる新奇な言葉を使用し始めたのも、朴政権である。六一年九月三〇日「再建国民運動法」改正法に初出という〔萩原、一九七八、一六六―一六七頁〕。

他方、実は統一教会は、設立当初から反共を唱えていたわけではない。意外なことに、内部の証言などから確認できるのは六二年が最初である。

国際勝共連合理事長の李相憲（のち韓国統一思想研究院院長）は、つぎのように告白していた。

「私は一九五六年に入教しましたが、入教以来六年間、文先生は、全然反共・勝共ということは言われませんでした。ですから私は、この方は人類を救うために来られた、純粋なるキリスト教指導者である、としか考えられませんでした。反共指導者とは夢にも考えられませんでした」。

ところが、一九六二年一月の文鮮明の誕生日の夜、文鮮明は、「三十六家庭を集めて、これから幹部たちは、共産主義理論に打ち勝つ実力を養わなければならないと言われたのです。そのとき初めて、文先生に反共的な側面があったのだなあ、ということがわかったのです。それで非常に驚きました」(『ファミリー』一九八〇年六月号)。

［日隈、二〇二一、一二九―一三〇頁］

統一教会は朴政権の庇護を求める代わりに、国際的な反共(勝共)運動に積極的に協力した。反共イデオロギーが伝道の助けになった面もあったようだ。が、朴政権下で文鮮明が富と名声を得たことは、朴政権・KCIAや他の政府機関の積極的な協力なくしては実現しなかった、と元韓国政府高官は証言している(米下院フレイザー委員会報告書)。

本栖湖会議と国際勝共連合

一九六二年はキューバ危機の年であり、六四年にはトンキン湾事件からヴェトナム戦争が起こる。この時期に、日韓基本条約（一九六五年）により日本と韓国の国交「正常化」がなされていることを想起したい。この国交「正常化」は、当時の野党の反対も根強く、自民、民社両党の賛成だけで批准案の承認が行われた。まさにこの、自民党と民社党が、統一教会のまずは食い込むターゲットとなる。

ところで、「岸信介邸の隣に統一教会本部があった」という事実も一瞥しておきたい。岸邸は一九五一年から渋谷区南平台にあったが、五六年ごろに隣にあった女優・高峰三枝子の夫（鈴木健之）の洋館を公邸兼迎賓館として借り受け、安倍晋太郎・晋三一家を住まわせていた。この洋館を岸が返却したのと入れ替わりに、一九六四年一一月一日、統一教会本部が渋谷区南平台に移転してきたのである。以下は一九七三年、統一教会本部（南平台ではなく松濤）における岸のスピーチである。

……統一教会と私の奇しき因縁は、（東京・渋谷区の）南平台で隣り合わせで住んでおりました若い青年達、正体はよくわからないけれども日曜日毎に礼拝されて、讃美歌の声が聞こえてくる。今考えたら久保木会長なのですが、非常に大きな声でお説教されていたことに私も大変に興味をもってみていたのであります。

そしたら、私の友人である笹川良一君、戦時中の罪を問われまして、戦犯として巣鴨の監獄で三年余の起居を共にした、いわゆる獄友で人生のうちでも極めて思い出の深いお友達の一人で、非常に懇意の間柄であります。

その笹川君が統一教会に共鳴してこの運動の強化を念願して、私に、君の隣りにこういう者が来ているんだけれども、あれは私が陰ながら発展を期待している純真な青年の諸君で、将来、日本のこの混乱の中に、それを救うべき大きな使命を持っている青年だと私は期待している。もっとも現在の数は非常に少なく、又ずいぶん誤解もあり、親を泣かせるとマスコミも騒いでいる。そういう話を聞き、お隣りでもありましたので、聖日の礼拝の後に参りましてお話したことがありました。人数もせいぜい二、三十人ではなかったかと思います。久保木君のお説教は、今日のようには長くなかったと思いますが、しかし、極めて情熱のこもったお話を聞きまして、非常に頼もしく私は考えたのです。……

［茶本、一九七九、一五九―一六〇頁］

このように、岸と統一教会の仲立ちとして笹川良一の名が挙がる。「親泣かせの原理運動」との悪評もすでに立っていたこともわかる。そして岸、笹川、さらに児玉誉士夫という「いわゆる獄友」たちと、統一教会が直接結びつく契機となるのが、よく知られた一九六七年の「本栖湖会議」なのである。

一九六七年七月一五日、山梨県・本栖湖畔の「社団法人・全国モーターボート競走会連合会本栖研修所」に、名だたる右翼の大物たちが集結し、韓国からの文鮮明一行を迎え入れた。韓国側は五名。日本側は九名、といってもそのうち三名は仲立ちとなる日本側統一教会関係者である。判明している名前を挙げれば以下のようになる［「赤旗」社会部、一九八〇、二三四頁以下］。

日本右翼側

笹川良一（日本船舶振興会、全国モーターボート競走会会長）

藤吉男（東京都モーターボート競走会会長、国粋大衆党結成に参加）

白井為雄（日本青年講座事務局長、児玉誉士夫腹心。元黒龍会、神兵隊事件にも参加）

山下幸弘（天照義団、全愛会議元議長）

畑時夫（庶民の生活を守る会、吉松正勝・全国勝共推進協議会議長の代理）

市倉徳三郎（月刊『防人』、『競艇新聞』主幹）

日本側統一教会系

久保木修己（日本統一教会会長）

小宮山嘉一（全国大学原理研究会会長）

横井勉（国際勝共連合大阪本部）

韓国統一教会側

文鮮明（世界基督教統一神霊協会教主）

劉孝元（『原理講論』編者）

金寅哲（韓国統一教会渉外部長、統一産業社長）

崔元福（元梨花女子大助教授）

ほか一名（氏名不明）

会議をセットしたのは、久保木である〔成澤、一九九〇、八五頁〕。文鮮明側は、「国際的な反共組織を作ろう」と持ちかけた。日本の右翼はまずは話を聞く側であった。

文の狙いは何であったか。当時情勢はヴェトナム戦争が激化する中にあり、数万の韓国軍も南ヴェトナムに投入された。六五年の日韓基本条約を追い風に、タカ派の朴正煕大統領は反共政策強化に力を注いでいた。中でも、一九五四年にアメリカの後ろ盾のもと韓国の李承晩・台湾の蔣介石らが結成したＡＰＡＣＬ（Asian Peoples' Anti-Communist League＝アジア人民反共連盟）には力を入れていた。ちなみに「岸（信介）は、アジア人民反共連盟（ＡＰＡＣＬ）の日本支部をつくるに当たっての主な推進者であり、六〇年代を通じて世界反共連盟に深くかかわり、七〇年代にはその推進委員会の委員長にさえなっている」〔アンダーソン＆アンダーソン、一九八七、五三頁〕。朴はＡＰＡＣＬを拡大し（ナチスの権力者であった亡命ウクライナ人ヤロスラフ・ステツコの率いるＡＢＮ〈Anti-Bolshevik Bloc of Nations＝反ボルシェヴィズム国家連合〉と合同し）、ＷＡＣＬ（World Anti-Communist League＝世界反共連盟、のちにＷＬＦＤ：World League for Freedom and Democracy＝世界自由民主連盟に改称）へと発展させていくのである。

まさにこの時期に、当時カネのなかった文鮮明の教団を日本へ送り込み、「世界一金持ちのファシスト」を自認する笹川良一その他と連携させることは、朴政権の政策そのものであった。当然予想されるように、天皇を至上とする右翼と、文鮮明を至上とする統一教会に齟齬がないはずがない。韓国側は、日本右翼の懐疑的な姿勢と「原理」への反発を宥めることはできず、その場はうまくまとまらなかった。

笹川の潤沢な資金を背景に日本全国の右翼を糾合する、という目論見は実現しなかったが、しかしそれでも文鮮明はこの本栖湖会議を経て、国際勝共連合という組織を、まず韓国で、次いで日本で設立するに至る。そして日本支部の会長に久保木修己、名誉会長に笹川良一を据えた。また顧問団には、自民党国会議員が多数名を連ねた。小川半次、山本勝市、大坪保雄、辻寛一、千葉三郎、鯨岡兵輔、伊東宗一郎（以上衆議院議員）、玉置和郎、青木一雄、源田実（以上参議院議員）らである〔日隈、二〇二二、二二七頁〕。このほか財界人、学者、評論家が続いている。

日本統一教会と同一の会長をもつことからも見てとれるように、これが事実上、統一教会という教団の政治工作部門となるのである。

反共による共同戦線ですよ。なんといっても共産主義の勢力は強いのだから。強大な敵を倒すためには小異を捨てて大同につく。大目的のために共同戦線をはるのは当然だ。それを、勝共連合、統一教会が文鮮明によって結成されたものであるから反対ということはねえ。次元が違うものを同じ次元で反対するという右翼の諸君にたいして僕自身は同意しなかった。

［吉松正勝の証言。「赤旗」社会部、一九八〇、二四九頁］

こうして統一教会と日本右翼・政治家の野合は今日まで続くが、一九八三年の「世界日報事件」は一時的にその矛盾を暴いた。当時の『世界日報』(統一教会系の新聞)の編集長、副島嘉和は、部数を伸ばし一般紙に近づけるために宗教色を薄める方針を掲げていたところ、教会本部の梶栗玄太郎がこれを乗っ取りと認識・問題視した。そして約百名で世界日報社に押しかけ、副島たちを文字通り叩き出した。これが世界日報事件である。これに対し副島は、井上博明と連名で、『文藝春秋』に「これが「統一教会」の秘部だ——世界日報事件で〝追放〟された側の告発」［副島・井上、一九八四］という手記を公表した。この中で、各国の元首に扮した信者が文鮮明に跪く儀式があり、日本の場合天皇役の久保木修己会長が文鮮明の前に跪くのだということを暴露した。

これによって当然右翼が激怒し、統一教会側に抗議が殺到した。こうして一時日本右翼と統一教会の関係は悪化したが、時間とともに沈静化した。詳しい経緯は省くが、要するにカネの力での手打ちである[成澤、一九九〇、二一八頁以下]。

日本政界への食い込み――広告塔、政治献金、選挙支援

本栖湖会議の場に岸信介はいなかったが、先述のように岸はすでに世界的反共ネットワークの立役者でもあった。文鮮明は、韓国で朴正熙政権に食い込んだのと同様の手法で、日本でも岸信介のグループに食い込みを仕掛けていくことになる。

七〇年安保、中国承認問題といった背景のもと、統一教会・勝共連合がまず仕掛けたのは大規模な政治大会ラッシュである。一九七〇年にはWACL躍進国民大会、赤色帝国主義に抗議する集会――囚われたる欧州諸国民の週間・日本大会、WACL第四回総会、APACL第一六回年次総会、WACL大会とあり、七一年と七二年にそれぞれ第一回アジア勝共大会、世界勝共大会が開催された。相当な資金が動いたのではないかと思われる。

これらを岸信介をはじめとする自民党(特に後の清和会に連なる)および民社党国会議員たちが

熱心に支援した。たとえば七〇年五月のＷＡＣＬ躍進国民大会(立正佼成会普門館)に花輪を寄せたのは岸信介、佐藤栄作首相、川島正次郎自民党副総裁、福田赳夫蔵相、春日一幸民社党衆議院議員らである。佐藤栄作は実兄である岸と派閥を異にするが、第一回(韓国で一度開かれているので、第二回という表記もある)アジア勝共大会に賛同のメッセージを寄せている。岸が名誉実行委員長を務めた一九七四年の「希望の日晩餐会」では、福田赳夫外相が、「アジアに偉大なる指導者現る。その名を文鮮明という」等と絶賛するスピーチを行い、のちの国会でも問題になった〔茶本、一九七九、一六三―一六五頁〕。さらにこの間、岸はしばしば統一教会本部(渋谷区松濤)を訪れ、教会員を激励する講演を一九七〇年、七一年、七三年と行っている。

「霊感商法」という言葉が定着した一九八五年以降には、「売られた壺や多宝塔などは無価値なものではなく価値あるもので、買った人々は喜んでいる」などと主張する「霊石愛好会」(のちに「天地正教」となり、さらに統一教会に吸収されることになる)の集会が国内各地で開かれた。が、これらに対しても、福田赳夫元首相をはじめ多くの自民党議員が祝電を送り、やはり問題となった(「霊感商法、各地で守る集会　国会議員が祝電、福田元首相の名も」『朝日新聞』一九八七年七月二六日付)。中曽根康弘首相の所信表明演説に対する質問で、佐藤昭夫参議院議員(共産党)は「(霊石愛好会の)背後に統一教会、勝共連合がいるのは明白。自民党は勝共連合と手を切ると明言するか」と質したが、中曽根首相は「一部団体との関係について、自民党は縁を切れとかなんとか言っておられますが、これは思想と行動の自由に対する重大な侵犯発言であると私は考えています。共産党の独裁的な政策のあらわれではないかと私は考えています。こういう思想と行動の自由を侵害するような、こういう憲法違反的発言はぜひ慎んでもらいたいと、こう思うのであります」と、問題があるとされる団体との交流も「思想と行動の自由」と強弁し、手を切ることを拒否した〔第一〇九回国会 参議院本会議 第三号、昭和六二年七月一〇日、五三頁〕。これはいわゆる逆ギレと言えよう。

一九八六年の衆参ダブル選挙では、「一三〇人の〝勝共推進議員〟が当選」と統一教会の機関紙『思想新聞』がその成果を誇っている〔茶本、一九九三、九六頁〕。一九九〇年二月には実際に霊感商法を行っていたとされる候補者自身が出馬している〔有田、二〇二二、三四頁〕。同年七月には学生一万人大会というイベントのパンフレットに、三塚博、石橋一弥、江口一雄衆議院議員がメッセージを寄せている。

このように、基本的に統一教会が豪華で大規模なイベントを用意し、そこに政治家・有力者を招聘して、出席・スピーチ・祝電等で権威づけをするというのが定番のメソッドであるとわかる。このやり方であれば政治家にとって比較的負担にならず、応援してくれている団体なので挨拶に行こうという気にもなるだろう。統一教会側から見れば、そこにつけこんで内外に対する広告塔効果を狙っているのである。

一方、いざというときには統一教会側が政治家のより強い力、介入を頼みにする。たとえば、一九八二年に文鮮明が、アメリカで脱税容疑により一八カ月の実刑判決を受けたときには、岸信介らがアメリカ大統領あてに裁判の不当性と文鮮明の釈放を訴える意見書を送った。また一九九二年には文鮮明が来日したが、文は先にアメリカで一年以上の刑を受けているので、日本の入国管理法では本来入国できないはずであった。それを、「北東アジアの平和を考える国会議員の会」(加藤武徳参議院議員以下三一名)なる団体の招請という形で、金丸信衆議院議員が法務大臣に介入し、文鮮明入国を強引に実現した[茶本、一九九三、九八-九九頁]。この介入もまた国会で大きな問題となった(「文鮮明師入国で〝圧力〟金丸氏、法務省に『意向打診』」『毎日新聞』一九九三年一月八日付)。

二〇二二年一〇月二二日放送のTBS『報道特集』では、勝共連合元幹部が、教会サイドは文鮮明教祖の入国を勝ち取るため、中曽根政権の頃から自民党に接近しはじめたことを証言している。「選挙って定期的にある。地方議員の選挙も合わせれば毎年選挙をやっている。毎年自民党に対して教会サイドから恩を売ることができる。だからできる限り自民党に対する選挙応援はやる。何かのときは入国問題のように力を貸してくれる。そういう（相互の）依存関係ができあがった」と。

東西冷戦の終結――「反共」の無意味化

九一年一一月三〇日、文鮮明は平壌を電撃訪問し、金日成国家主席と握手を交わした。東欧やソ連の社会主義体制が崩壊しつつあったため、今後「反共」姿勢は無意味化すると考えたためであろう。また、北朝鮮という国そのものが、統一教会から見れば未踏の原野であった。この握手自体にも相当な金額を支払ったようだが、そのあと北朝鮮の企業や施設（平和自動車や普通江ホテル、平壌世界平和センターなど）に多額の投資をすることになる。文鮮明の行動は宗教的なものというよりは、現世利益的なビジネス本位の行動と見たほうが筋が通る。

「反共」という看板が無意味化し、北と握手をした文鮮明だが、韓国国内および日本向けの顔では相変わらず反共を餌に右翼を束ねている。その一方で日本から収奪した献金を、北朝鮮企業に投資する。所詮統一教会と日本右翼のかすがいであった「反共」すらも、実は文の野心のための方便にすぎないことに、われわれはこの局面で気づかされる。

九二年に大きく世間を騒がせたのは、何と言っても「三万家庭合同結婚式」であろう。桜田淳子・山崎浩子の参加したあの合同結婚式である。このとき祝辞を寄せたのが中曽根康弘だ。しかしこれらの報道は報道枠ではなく、芸能枠であるから、政治と宗教の関係が特に着目されることもなく、芸能人のスキャンダルとして消費されてしまった。さらに、一九九五年のオウム真理教によるサリン事件に注目が集まり、統一教会に関する報道は激減した。

一九九〇年代後半には、統一教会と政治の表立った関係は控えられてきたように見えるが、二〇〇〇年代前半に再び顕在化してくる。またしても中曽根康弘が、二〇〇四年三月に統一教会関連団体「世界平和連合」の大会で憲法改正について講演した(「憲法改正し『平成維新』を日中韓首脳会議定例化を提案 中曽根元首相講演」『世界日報』二〇〇四年三月二三日付)。このときは自民党国会議員八名のほか民主党国会議員が九名参加しており、鳩山由紀夫代表も来賓として壇上で挨拶している(「鳩山由紀夫氏らも大会であいさつ、統一教会『政界の標的』」『朝日新聞』二〇〇四年五月三日付)。同年一一月には自民党中山成彬衆議院議員に対し、統一教会関連企業からの政治献金が発覚し、中山は結局返納することとなる(「統一教会系献金の全額返還決める 中山文科相の自民支部」『朝日新聞』二〇〇四年一一月一〇日付)。

安倍晋三の台頭

まさにこのような流れの中で、内閣官房長官となる直前の安倍晋三が、二〇〇五年一〇月四日に、統一教会の関連団体「天宙平和連合（UPF）」の創設記念大会に祝電を打っていたのである（「安倍首相　保岡元法相　昨年一〇月にも　統一協会集会に祝電　全国弁連抗議集会で明らかに」『赤旗』二〇〇六年一〇月一四日付）。このUPFこそ、二〇二一年にビデオメッセージを撮らせたその同じ団体である。さらに安倍は、自民党総裁選直前の二〇〇六年五月にもUPFの行事に祝電を打った（「安倍晋三とのただならぬ関係　統一教会系合同結婚式に祝電　次期首相にふさわしいのか」『週刊朝日』二〇〇六年六月三〇日号）。この行事は全国一二都市で連続して行われたもので、安倍官房長官は東京と広島の大会に二度、祝電を打っている。その他、国会議員・地方議員取り混ぜて、自民党（だけではないが）を中心に非常に多くの議員が来賓または祝電で関係している。

これに対し全国弁連は、安倍晋三、保岡興治に公開質問状を提出したが、期限までに回答がないため、改めて「当連絡会は、貴殿に対し、反社会的な活動を行っている統一教会とのこれまでの関係をきちんと明らかにし、今後は統一教会との関係を絶つよう求めます」とする抗議書を提出した。これに対しても安倍首相からの回答はなかった。安倍首相は、報道機関に対しては「私人としての立場で地元事務所から『官房長官』の肩書で祝電を送付したとの報告を受けている。誤解を招きかねない対応であるので、担当者にはよく注意した」と説明した。

自民党が下野していた二〇〇九年から二〇一二年のあいだは、著名な自民党国会議員が統一教会関連団体で講演する機会が多くもたれた。稲田朋美が統一教会関連団体「世界平和連合」および「世界平和女性連合」で講演したり[鈴木、二〇二二、二一〇頁]、安倍晋三自身も「世界戦略総合研究所」の講演やシンポジウムに登壇した。また同研究所の定例会では秋元司、義家弘介、山田宏、下村博文、中川秀直、衛藤晟一、石破茂、小田原潔らがかわるがわる講師を務めた。さらに、二〇一三年二月に行われた同研究所所長・阿部正寿(エマヌエル阿部有國)の著書の出版記念会に同じ議員らが祝電を打っている[鈴木、二〇二二、二一四頁]。この著書『安倍政権の強みがわかる　日本[精神]の力』は次のように言う。

自民党が必ずしも良くはないと思う点もあったが、民主党よりはましであり、何とか保守政権を樹立すべく私なりに努力してきた。そしてその中心人物は安倍晋三氏でなければならないと決めてきた。これは単に相応しい人物というより、天の摂理から見て安倍晋三氏であるべきだと感じたからである。理由はいろいろあるが、ここでは敢えて書かないつもりである。簡単に言えば天が選んだ人物だということである。[阿部、二〇一三、三頁]

統一教会側が、理由はともかく、特に安倍晋三を支持していることがここには表れている。

他方、苦しい野党時代に支えてくれた統一教会に、安倍晋三が心理的な負債を負うこともあったはずである。

第二次安倍政権以降

二〇一二年は、文鮮明教祖が死去し、後継問題で教団の基盤が揺らいだ時期であったが、このときちょうど第二次安倍政権が誕生した。未検証であるが、このときの自民党総裁選に、統一教会が一般党員票を通じて影響を与えていないかどうか検証する必要があるかもしれない。安倍晋太郎を総理に据えようとして果たせなかった統一教会としては、第一次政権で志を遂げられなかった安倍晋三を再び総理にすることは切実な願望であった。

二〇一三年七月の参議院選では、安倍首相と同郷・肝いりの候補として、北村経夫の選挙支援が教団に要請された。北村候補は、岸信介の恩人であった北村サヨ(「踊る宗教」とも呼ばれる天照皇大神宮教の教祖)の孫にあたる。このときの選挙対応には菅義偉官房長官も関与している[鈴木、二〇二二、一三頁]。参議院選比例区では全国の信者の票を集められるので、信者数の多くない統一教会にとっては最も力を発揮できる。結果、約八万票を積み増して北村候補は当選した。その後、二〇一六年の宮島嘉文、二〇一九年の北村経夫、二〇二二年の井上義行が信者票の積み増しによる当選を果たしている。なお二〇一三年五月二九日の北村の著書『誇り高き国へ』出版記念パーティーに、上述の世界戦略総合研究所事務局次長の小林幸司（「桜を見る会」にも例年招待されているとされる）が招かれていることも特筆すべき点である［鈴木、二〇二二、二一四頁］。

二〇一五年の大きな事件はまず名称変更である。統一教会は、旧名称「世界基督教統一神霊協会」を「世界平和統一家庭連合」に改めることに成功したのである。この名称変更は文化庁が長らく許可しなかったが、下村博文文科相の圧力・介入が働いたとされている［鈴木、二〇二二、三二頁以下］。下村大臣は、『世界日報』や『Viewpoint』（いずれも統一教会系媒体）に複数回にわたり登場している。またこのときの文部科学大臣政務官は山本朋広だが、この人物は二〇一七年の教団イベントで韓鶴子総裁を「マザー・ムーン」と呼んだ、教団と特に深い関係が疑われる人物である。ご丁寧に「われわれ自民党に対してたいへん大きな力をいただいております」などとスピーチしている［鈴木、二〇二二、八一頁］。教団名変更式典では、鳩山邦夫、亀井静香の祝電全文が読み上げられた［鈴木、二〇二二、三四―三五頁］。この名称変更の負の意義は大きいだろう。統一教会による被害を長期にわたって拡大した疑いがある。

また二〇一五年は、安保法制が強行採決された年でもある。ＳＥＡＬＤｓ（シールズ）という若者のグループがデモなど反対運動をしていたが、これに対抗して「国際勝共連合大学生遊説隊UNITE」(のち「勝共UNITE」に改称)が二〇一六年一月に突如登場した。名称の通り、勝共連合が安倍政権を支援するための教団二世信者の組織である。IT担当の平井卓也衆議院議員は、自身のフェイスブックに「このようなデモはあまり報道されませんが、学生はシールズというイメージは間違いです」と書き込み、宣伝をしている[鈴木、二〇二二、四二頁]。

二〇一六年の大きな出来事は、安倍・トランプ会談の実現である。ヒラリー・クリントン候補の大統領当選を想定していた安倍官邸は、大方の予想を裏切って当選したトランプ候補とはパイプをもたなかった。そこで統一教会がトランプとホットラインをもつことを知っていた側近議員を通じ、統一教会のもっていた非公式なパイプが活用されたと見られている[時任、二〇一七、六九頁]。

二〇一七年には、驚くべきことに、北米大陸統一教会幹部一行が来日した折、自民党執行部が彼らを自民党本部や官邸に招待したと報じられている[鈴木、二〇二二、七七頁以下]。一行は高村正彦副総裁、田中和徳国際局長と会談、別の日には長尾敬、中村裕之を含む国会議員六名と会談、また菅義偉官房長官より招待を受け首相官邸を訪問したという。

また、同年七月には山本朋広、武田良太ら自民党衆議院議員および民進党の鈴木克昌衆議院議員が、教団の引率でアメリカを外遊している〔鈴木、二〇二二、八七頁以下〕。

その間もその後も、多くの自民党議員が、「Peace Loving Festival」「孝情文化ピースフェスティバル」等々の教団イベントに対し、来賓や祝電で「協力」し続けている。また、国際勝共連合の月刊誌『世界思想』の二〇一三年三月号と九月号、二〇一七年一二月号、二〇一八年六月号の表紙を安倍首相(当時)が(肯定的な意味で)飾っていることも今やよく知られている。

そして二〇二一年九月、UPFの「神統一韓国のためのTHINK TANK二〇二二 希望前進大会」におけるトランプ前大統領と安倍元首相の共演と続くわけである。

何が問題なのか──人権を蔑ろにする思想・教義こそ問題

統一教会と自民党の根深い関係が連日報道されるようになると、茂木敏充幹事長は「組織的なつながりはない」「旧統一教会との関係が断てない議員は離党してもらう」と発言した(二〇二二年八月三一日の記者会見)。岸田首相も「関係を断つ」と述べた。世耕弘成参議院幹事長は「〔統一教会の〕教義に賛同する我が党議員は一人もいない」と述べた。しかし実態はどうか。

二〇二二年一〇月二〇日の朝日新聞が、「教団側、自民議員に『政策協定』」というスクープ記事を出した。それによれば、統一教会関連団体(世界平和連合・平和大使協議会)が、「自民党の国会議員に対し、憲法改正や家庭教育支援法の制定などに賛同するように明記した「推薦確認書」を提示し、署名を求めていた」とのことである。賛同するよう求められている政策は、①憲法改正、安全保障体制の強化、②家庭教育支援法、青少年健全育成基本法の制定、③LGBT問題、同性婚合法化の慎重な扱い、④「日韓トンネル」の実現を推進、⑤国内外の共産主義勢力の攻勢を阻止――などである。これに加え「『基本理念セミナー』への参加」も求められる。要するに、教団が自民党を支援する代わりに、教団の求める政策を実現するように、という約束を交わしていたのである。「組織的なつながり」が露呈してきたと言えるだろう。

ところで、「社会的に問題を指摘されている団体」との蜜月を、政権与党たる自民党が責められていることは理解も賛同もできる。宗教がひき起こした問題と考えれば、これは憲法二〇条に関わる政教分離問題と見ることもできるかもしれない。しかしカルト問題においては、そこに人権侵害があるかないかがポイント、とよく言われる。統一教会の場合、霊感商法や高額献金要求といった具体的人権侵害の事実があり、その点で「社会的に問題を指摘」されているのである。したがってここは宗教の問題というよりも、人権の問題と捉えるべきである。

統一教会と政府与党の望む各政策の本質的な共通点は、「個人の人権制限を是とする」考え方である。戦後民主主義のなかで生まれ育った我々の考える「家庭」とは、親であれ子であれ個々人の意思と人格が尊重された上での共同生活の単位ということになろう。が、彼らの思い描く「家庭」とはそうではなく、明治民法のイエ制度におけるように「戸主」の権限が最上位に置かれ、子の結婚相手を親が自由に決めるような、各人の人格が全ては認められないような、支配される単位集団のことである。その証拠に、統一教会内では、個々人がそれぞれの考え、思いをもつことは「サタンが入ってくる」こととされる。同様に自民党においては、個々人がそれぞれの考えを持ち・述べることは「行き過ぎた個人主義」と見なされる。たとえば妊娠・出産に関して、女性が権利を主張することは、自民党にとっては「わがまま」なのである。

このような、頂点の権限が絶対的であるような「家庭」が、国家大・地球大に拡大された家庭として実現されることが「八紘一宇」であった。「世界は一家、人類は皆兄弟」との笹川のスローガンは、実はそのような意味に解すべきである。その頂点を天皇とするか、文鮮明とするかの違いはあれ、どちらも近代国家における自由主義的・民主主義的人権観とは相容れない。二〇一二年の自民党改憲草案を一瞥すればわかるように、国民主権、基本的人権、平和主義の全てが骨抜きにされるのは必然である。憲法九条が安保関連法で掘り崩されたように、憲法二四条が家庭教育支援法で掘り崩されるのは火を見るよりも明らかであろう。

すなわち、統一教会については、天皇絶対主義と構造的に同型な「真の父母様」絶対主義に表れているように、教義自体に「反人権」が本質的に織り込まれている。自民党がそれに直接的に影響されたのであろうとなかろうと、政権与党が「反人権」的改憲草案を提出してきたこと自体が、すでに国家のカルト化の徴候であったと評価すべきだと思われる。

安倍政権は、不都合な報道にクレーム電話を入れ、キャスターを更迭するよう圧力をかけ、放送法を盾に停波をちらつかせ、メディアを抑え込んできた。行政機構についても、内閣人事局で官僚機構を完全にコントロールしただけでなく、警察の捜査も恣意的に抑え込んできた。司法に対しても人事を通じて介入したり、忖度させたりしていると考えずにはいられない。批判的な国民をすら「こんな人たち」と敵視してきた。このような、社会に分断を作り出し、敵を容赦なく叩くことで支持を固めるやり方は、カルトのそれとよく似ている。その頂点に君臨する全能な中心人物が突如いなくなったことで、タブーが緩んでいるのがいま、まさにこの銃撃事件後の状況なのではないだろうか。

「反人権」思想は統一教会の専売特許ではない。それは日本会議をはじめ他の宗教右派ももっている。それらの団体も、統一教会ほどの問題をまだ顕在化させていないだけで、潜在的な危険性をもっていると言える。いま人権侵害をしていなくても、人権侵害を可能にする考えをもつ団体によって憲法改正を進められてしまえば、国家大の人権侵害が実現してしまい、しかも長期間にわたりそれは固定されてしまうだろう。そのようなことにならないように、まだ主権者であるわれわれ国民やマスメディアは、つねに目を光らせていなければならないのである。

参考文献

「赤旗」社会部『仮面のKCIA――国際勝共連合＝統一協会』新日本出版社、一九八〇年。

エマヌエル阿部有國『安倍政権の強みがわかる　日本［精神］の力』平成出版、二〇一三年。

有田芳生『改訂新版　統一教会とは何か』大月書店、二〇二二年。

ジョン・リー・アンダーソンおよびスコット・アンダーソン『インサイド・ザ・リーグ――世界をおおうテロ・ネットワーク』近藤和子訳、社会思想社、一九八七年（原著一九八六年）。

エイコ・マルコ・シナワ『悪党・ヤクザ・ナショナリスト――近代日本の暴力政治』藤田美菜子訳、朝日新聞出版（朝日選書）、二〇二〇年（原著二〇〇八年）。

鈴木エイト『自民党の統一教会汚染――追跡3000日』小学館、二〇二二年。

副島嘉和・井上博明「これが「統一教会」の秘部だ――世界日報事件で〝追放〟された側の告発」『文藝春秋』一九八四年七月号。

茶本繁正『原理運動の研究』晩聲社、一九七七年。

――『原理運動の実態――ファッシズムへの道』三一書房、一九七九年。

――「選挙と勝共推進議員」『世界』一九九三年九月号、九六―九九頁。

時任兼作「安倍・トランプ会談を実現させた「カルト宗教人脈」」『新潮45』二〇一七年二月号、六八―七四頁。

中野昌宏「統一教会・自民党関係史――その外在的・内在的つながり」『世界』二〇二二年九月号、四二―五一頁。

成澤宗男『統一教会の策謀――文鮮明と勝共連合』八月書館、一九九〇年。

日本共産党中央委員会出版局編『韓国の謀略機関――国際勝共連合＝統一協会』日本共産党中央委員会出版局、一九七八年。

萩原遼「国際勝共連合＝KCIA　その結びつきのルーツ」日本共産党中央委員会出版局編、一九七八年所収。

――『淫教のメシア　文鮮明伝』晩聲社、一九八〇年。

日隈威徳『統一教会＝勝共連合とは何か』新日本出版社、二〇二二年（一九八四年刊の新装版）。

文京洙『新・韓国現代史』、岩波新書、二〇一五年。

ティム・ワイナー『CIA秘録』上・下、藤田博司・山田侑平・佐藤信行訳、文春文庫、二〇一一年（原著二〇〇八年）。

第3章　自公連立政権と創価学会

中野　毅

はじめに

公共空間(公共圏)への宗教の参加のあり方を、本書は問わんとしている。この概念を提唱したハーバーマスが近年テイラーたちと行った議論において、「公共圏とは国家や経済、家族とは異なった領域」であり、「公民が共棲するための共通形式を作る創造と社会的想像の領域であり、試行錯誤を通して部分的な意見の一致を実現する領域」とまとめられ、その領域への参加に宗教が排除されることはなく、連帯や創造性、倫理的洞察の基盤になりうるものとされている。さらにハーバーマスは、公共圏は理性的で批判的な討論と熟議をなす場であるので、宗教的な主張は非宗教的な人々も理解できるよう「翻訳」されなければならず、翻訳不能な真理言説は公共圏でのフォーマルな討議には持ち込まないことが肝要と主張している［ハーバーマスほか、二〇一四、一五二―一五六頁］。

公共空間（公共圏）を現代社会において具体的にどう捉えるかは難しいが、かつてのマルクス主義的市民社会論とは異なり、新聞や冊子、集会、現在ではSNSなど多様なコミュニケーションの方法を介しての討議と合意形成の場としておきたい。そしてある社会における公共空間は必ずしも単一ではなく、いわゆる左から右まで複数存立し、互いに競合し合っていると、筆者は考えている。

本書との関連で重要な点は、宗教者や宗教団体が各種の議会選挙での支援活動や投票行動を通して政治参加することも、公共空間形成の大きな要素となることである。その場合に、ハーバーマスの主張に注目して、翻訳された宗教的言語を「合理的言語」と呼ぶとすると、合理的言語による理性的な討議が重要となる。さらに、その討議や参加における公開性と透明性も不可欠な要素であろう。昨今の旧統一教会をめぐる問題の一因は、ここにあると考えるからである。

宗教者・宗教団体の政治参加の様態は、戦後日本においても幾つかに分類でき、筆者も試みてきた［中野　二〇〇三、第四章、塚田、二〇一五］。ここでさらに次のように整理してみる。①宗教者が個人で政党所属なしで、または特定の政党の候補者として立候補する。②宗教団体が信者を既存の政党の候補者として擁立し、支援する。③宗教団体が信者でない政党所属の候補者を支援する。④宗教団体が既存の特定政党を支援する。⑤宗教団体が独自の政党を結成して政治参加する。

厳密に区別することは難しいが、①は戦後早くから比較的広く見られ、②③は新宗教による政治参加の際に多く見られた方式である。④の場合は宗教団体側が候補者の思想的傾向や掲げる政策を自教団の求めるものと一致するかチェックし、支援を公表する。⑤は創価学会−公明党が代表的な事例であるが、近年は幸福の科学−幸福実現党もある。戦後直後では複数の宗教団体による「第三文明党」の結成が最初の事例である［中野ほか、二〇二二、第一部第一章］。

なお宗教団体が特定の政党を支援することを「政教一致」と称し、「政教分離」すべきなどの主張が、一部の研究者にもいまだに散見されることは残念である。これらの用語における「政」とは「政府」「国家」をさすのであり、国家が特定の宗教を国教などとして結合しているか、分離しているかの問題である。宗教団体が政治参加する権利は「信教の自由」に含まれるというのが、憲法学における通説である。

本章では、⑤の代表例である創価学会と公明党に焦点をあて、平和主義と大衆福祉を基本理念とし、都市部の収入や学歴が比較的低い社会層の創価学会員を主たる支持基盤に持つ公明党と、理念や支持基盤において大きく異なる自由民主党との長期にわたる連立政権が何故可能になったのか、その歴史的経緯とメカニズムを明らかにするとともに、自公連立政権下で進展したゆがみ、より良い公共空間への参加のための課題を考察していく。なお歴史的経緯に関しては、創価学会―公明党―国家との三者間の関係を理念型として描き、細かい時系列的展開については他へ譲りたい。

一　創価学会の政治参加のプロセス

創価学会は日蓮を末法の本仏と仰ぎ、日蓮が顕した曼荼羅本尊への唱題行(南無妙法蓮華経と唱える行)と布教によって各人の宿命転換、人間革命、生活革命をなし(一生成仏)、その日蓮仏教を日本および世界へ弘める「広宣流布」をめざすと主張する在家仏教団体である。その特徴は、折伏(しゃくぶく)と称する激しい布教活動(現在は仏法対話と称している)による急速な拡大と、「国立戒壇の建立」「王仏冥合の実現」をめざして政治参加を進め、一九六四年に政党「公明党」を結成して衆議院にまで大規模な政界進出をなした点にある。公明党は反自民の革新政党として出発し、一九九三年に非自民連立政権に参加した。その後、自民党との提携に舵を切り、一九九九年には自民党との連立政権が成立した。それ以来、一時下野したものの、自公連立は二〇年以上続いている。まず、その過程を主要な変化を中心に捉えていく。

初期の地方議会と参議院中心時代――創価学会の政治活動として

戦後の創価学会は戸田城聖・第二代会長のもとで急速な発展をみせ、さらに政界へと進出した。創価学会の前身は、教育者で地理学・教育学者でもあった牧口常三郎が設立した創価教育学会であり、それは戦前の国家主義的教育を改革するために、彼の学説と思想に共鳴した教育者たちと設立した研究会であった。創価学会の創立記念日は、彼の主著『創価教育学大系』第一巻が発刊された一九三〇年一一月一八日としている。

牧口の出版や諸活動を支えたのが戸田城聖であった。戦局が厳しくなった一九四三年、不敬罪、治安維持法違反の容疑で牧口、戸田ほかの幹部が逮捕された。牧口は獄中で病死し、戸田は一九四五年七月に保釈された。

出獄後の戸田は会の再建に着手するが、獄中での宗教体験から名称を「創価学会」と改め、宗教活動を主体とし、一九五一年五月三日に第二代会長に就任した。戸田は日蓮正宗総本山大石寺の戒壇本尊の唯一絶対性や信心による宿命転換、功徳を力説して「折伏大行進」を開始し、一九五四年末までに会員数は一六万世帯となった。同年一一月、創価学会は文化部を設置して政界進出の準備を進め、五四名の文化部員が五五年四月の統一地方選に臨んだ。結果は東京都議一名、横浜市議一名、東京特別区議に三二名、全国一七市議に一九名が当選し、政界進出の第一歩を記した。なお候補者の大多数は無所属だったが、七名が日本民主党から、一名が右派社会党から立候補した。翌五六年七月の第四回参議院議員通常選挙で初の国政への挑戦がなされ、東京地方区一名、大阪地方区一名、全国区に六名が立候補し、全国区で二名、地方区で一名（大阪）が当選した。全国区での得票は約一〇〇万票に達した。

創価学会の政界進出は、戦時中の弾圧という苦い経験から、早くから戸田の念頭にあった。会長就任以前の一九五〇年五月発刊の機関誌『大白蓮華』第七号に、戸田は「王法と仏法」と題する巻頭言を載せ、「一国の王法の理想は、庶民がその所を得て、一人もるる所なく、その業（わざ）を楽しむ」ことであると政治の理想を説き、それを見失った姿として太平洋戦争の惨状を挙げながら、仏法の慈悲の精神が王法である政治に活かされなければならないと論じた。その後も戸田は同様の考えを「王仏冥合論」（『大白蓮華』一九五六年八月一日号）で展開し、政界進出の理念とした。しかしその中で、「このたびの参議院選挙では、大いに社会の注目をひいた。

〔中略〕日蓮正宗を国教にするとか、また何十年後には、衆参両院の議席を学会人で占めるとか、また創価学会が日本の政治をとるとかいう、あらゆる妄説が唱えられている現状である。しかし、われらが政治に関心をもつゆえんは、三大秘法の南無妙法蓮華経の広宣流布にある。すなわち国立戒壇の建立だけが目的なのである」と強調した。

戸田の主張の特徴は、まずその目的を「国立戒壇の建立」という宗教的目的とし、それ以外の野心はないとした点である。戦後憲法の政教分離制度の下では、宗教的な戒壇を国立で建てることはありえないにもかかわらず、何故そのような主張をしたのであろうか。先の敗戦を誤った宗教に傾倒した結果ととらえ、正しい宗教の樹立によって戦後復興と世界平和を願ったのであろうと推察するしかない。ここでは、戸田の国立戒壇論が従来のそれを大きく修正したことに注目する。

末法の日本に「本門の戒壇」を建立することは日蓮の遺命であり、それは日蓮遺文『三大秘法抄』に「勅宣並に御教書」をいただいて建立するとされていた。この「本門の戒壇」を「国立戒壇」と言い換え、「勅宣」を天皇による「大詔」、御教書を「国会の議決」と解釈したのは戦前の日蓮主義者・田中智学であった。牧口と戸田も何度か智学の講演を聴いているが、その影響は見られない〔大谷、二〇一三・二〇一九〕。国立戒壇建立という目標は、実は日蓮正宗の堀日亨が一九二二年に著した『日蓮正宗綱要』の中で天皇の勅命による国立戒壇と記して以来、日蓮正宗の正式の教義となり、宗門の悲願とされていた〔川崎、二〇二〇、九四－一〇九頁〕。その悲願を戸田は自分の手で達成しようとしたといえる。

戸田は、天皇の勅命による建立を否定し、民主化された戦後日本においては国民が主権者だから「国民の総意」があれば「天皇からの勅宣」は必要ないとし、幕府が出す「御教書」も、「国民の総意」を表現する場としての「国会での議決」と読み替えた。つまり国民多数が日蓮正宗の信者となり、その総意を国会で表明・議決して戒壇を建てれば良いと考えたのである。その意味での「国立」であった。なお議決するのは衆議院なのか参議院なのかは曖昧である。聖教新聞一九五四年元旦の社説や青年部の討論などでは「衆議院」においてという表現も散見され、戸田自身の講演等でも衆議院と語っていたが、公刊された講演集などでは「国会」に統一されている。

この目的を達成するため、戸田は、まず布教を積極的に行って会員を増やし、さらに会内に文化部を組織し、文化部員が政界や教育界、経済界など様々な分野で活躍することが大切だと訴えた。そのうえで政界進出は地方議会から始めたが、それは生活現場での問題解決を重視し、日常活動をとおして広宣流布を進めるという考えからであった。実際、各地で「市民相談」

「暮らしの相談」などの場を設けて活動を展開し、文化部長だった鈴木一弘は「あくまで貧乏人の味方になって政治をするんだ」と主張していた〔中野、二〇二〇、七一九頁〕。

国会へは参議院から進出したが、参議院は「良識の府」として知識人や宗教家が多数立候補していたこと、また会員が集中していた東京や大阪の地方区での得票が見込まれたためと考えられる。そして参議院に議席を占めたことが、折伏戦で生じた墓地問題など社会からの圧力、警察による監視・介入等の政治的妨害への「防御陣」になったという〔徳川夢声「問答無用」『週刊朝日』一九五七年九月一日号〕。つまり創価学会を守るためであった。衆議院への進出は将来の課題とした〔川崎、前掲、一四四―一六一頁〕。さらに政党の結成にも否定的であって、社会党や自由党から、さらには共産党から立候補しても差し支えないとまで述べていた〔戸田会長講演「広宣流布の礎　文化活動」第四回鶴見支部総会、一九五五年三月二七日。『聖教新聞』同年四月三日掲載〕。また選挙活動は会員が張り切り、組織の引き締めに役立つとも吐露していた。総じて言えることは、戸田時代の政治参加は、あくまでも宗教団体・創価学会の活動の一環として進められたということである。

宗教政党結成による衆議院進出──池田時代(1)

一九五八年四月、戸田は没し、二年後の一九六〇年五月三日に池田大作が第三代会長に就任した。当初は戸田の路線を踏襲し、国立戒壇の建立をめざして政界に進出はするが創価学会はあくまで宗教団体であり、衆議院には出ないと強調し、資本主義でも共産主義でもない「第三文明」の建設をめざすと主張していた。

一九六一年、創価学会は文化部を文化局(局長・辻武寿)に昇格させ、政治部、経済部、教育部、言論部を設置した。さらに一一月には政治部を廃止して、政治団体「公明政治連盟」(公政連)を結成した。これは政界進出をさらに進めるには創価学会と別個の政治団体が必要との判断からであり、この段階ですでに宗教団体としての諸活動から政治活動を切り離したことになる。結成時の勢力は参議院議員九名、都道府県議七名、市区議二六八名の計二八四名である。翌六二年の参院選には公政連公認で東京・大阪地方区の二名、全国区の七名を全員当選させ、全国区の得票数は四一二万票を越え、得票率は一一・五三%に達した。非改選議席を合わせると参議院で一五議席となって自民党、社会党に次ぐ第三党になり、本会議での代表質問権や法案提出権をもつ院内交渉団体「公明会」も立ち上げた。

この公政連での成功を機に、創価学会の政治参加の様態は変化する。一九六四年五月の創価学会第二七回本部総会で、池田は次の七年を王仏冥合の総仕上げの時期とし、次のような方針を発表した。①日蓮正宗総本山に戒壇本尊を安置する正本堂を建立寄進する。費用は会員からの寄附による。②六百万世帯の会員をめざす。③公明政治連盟を政党にし、衆議院に出す。時来たならば衆議院へも出よとは、戸田前会長の遺訓である。④創価学会にあった文化局政治部を廃止し、創価学会は純粋な宗教団体として本来の宗教活動に専念し、公政連の支持団体、推薦団体とする。⑤会員の政策への異議異論は自由である。

同年一一月、この提言を受けて「公明党」が結成された。当時採択された結党宣言や綱領には「大聖哲・日蓮大聖人の立正安国論」「王仏冥合の大理念」「仏法民主主義」などの宗教的用語が用いられ、宗教政党であることが明示された。その上で大衆政党として大衆とともに前進し、「政界浄化」「議会制民主主義の確立」「大衆福祉の実現」を図ると宣言した〔公明党史編纂委員会、二〇一九、三七頁〕。政治路線としては左右のイデオロギーにとらわれない中道政党をめざした。

公明党の結成後も、創価学会は強力な選挙支援体制を組み、一九六五年の参院選では全国区九名の候補全員を当選させ（得票数五〇〇万票超）、衆議院への初挑戦となる一九六七年一月の第三一回衆議院議員総選挙で一挙に二五議席を獲得し、野党第三党となった。二年後の六九年一二月の第三二回衆院選では四七議席を獲得し、日本宗教史・政治史上かつてない規模をもった宗教政党となった。

このように池田時代における創価学会の政治参加は、戸田時代とは大きな相違をみせる。六四年五月の本部総会で従来の「国立戒壇建立」説を正式に放棄し、戒壇建立は「会員の寄附」すなわち「民衆立」でなされることを明言した上で、「政党の結成」と「衆議院への進出」を果たしたのである。

独自の政党を結成した背景には、自民党政府による「学会の折伏大行進は破壊活動防止法に該当する」(公安調査庁長官、五五年一一月)発言など布教活動を抑制しようとした動き、北海道炭鉱労組が社会党支持を拒否した創価学会員を除名した「炭労問題」(五七年六月)、池田大作参謀室長(当時)が選挙違反容疑で逮捕された「大阪事件」(同年七月)などで政府与党や社会党への強い不信感があった。また池田は常々「第三文明」を標榜していたことからも独自の政党結成という道を選んだと考えられる。その際に、モデルとして池田の脳裏にあったのは「総評(日本労働組合総評議会)と社会党」の関係であった〔中野、二〇〇三、一八六―一八九頁〕。

かくして創価学会は独自の政党を立ち上げたが、政党を結成して衆議院に進出したということは、政権与党をめざすことであり、国立戒壇建立という宗教的目標は放棄したが、宗教的理想の実現のため「天下を取る」路線を鮮明にしたともいえる。創価学会と公明党はともに日蓮の教えを根幹にして王仏冥合をめざす「一体不二」「異体同心」だという池田の指導のもと、会員は自分たちの宗教理念が政治にも実現されることを期待して全力で支援していった。しかしこの方式の政治参加は新たな課題を生みだした。それは会員の政党支持の自由を制限することになりかねず、信仰と政治的信条の相克という問題を内包することになる。前述した六四年の本部総会提言で、「政策への異論異議は自由」としたことは、その問題を認識していたことを示している。

国民政党への転換――池田時代（２）

一九六〇年代後半は、自民党政府が六八年の第六一回通常国会に「靖国法案」を提出したことで、新日本宗教団体連合会（新宗連）から愛国主義的右派教団が脱退するなど宗教界の左右対立が深まった。他方で高度経済成長も進み、豊かな社会になるとともに、ある種のナショナリズムが宗教とも関係しながら台頭してきた。

この時期、創価学会は革新的路線を堅持し、公明党以外にも「東京主婦同盟」（一九六八年）を結成して婦人問題に取り組み、「新学生同盟」（六九年）を結成し学生運動にも取り組んだ。後者は、当時の大学紛争の焦点であった大学立法と七〇年安保条約改定に反対する運動を展開した。さらに創価学会と公明党は靖国神社国家護持法案にも反対した。しかし保守陣営からは危険視され、左派陣営からは右翼ファシズム的であり、かつ政教一致だと批判された。

このような状況下で、その後の創価学会・公明党の関係を大きく変動させる事件が起こる。いわゆる「言論出版妨害事件」である。一九六九年一一月、政治評論家であった藤原弘達・明治大学教授の著作『創価学会を斬る』(日新報道出版部)が出版されたが、この出版を阻止しようと創価学会と公明党が著者と出版社にさまざまな圧力をかけ、自民党の有力政治家の関与まで疑われる事態となった。メディアがキャンペーンを張り、国会でも取り上げられ、この著作以外の出版妨害も明らかになるなど大きな社会的・政治的問題となった。

これらの批判に対して、創価学会は翌一九七〇年五月三日の第三三回本部総会における池田会長講演において、以下の諸点を明示し謝罪した[池田、一九七一、三―五六頁]。①今回の問題は、創価学会の姿を正しく理解して欲しいという個人の熱情からの交渉であり、言論妨害の意図はなかったが、批判に対して寛容でなかったことは猛省する。今後は言論の自由を守り抜く。②創価学会の目標とする広宣流布とは「妙法の大地に展開する大文化運動」であり、政界進出、政治活動はその一部である。③日蓮正宗の本門戒壇は国立である必要はなく、「国立戒壇」という表現を一時使ったことはあるが、真意は「民衆の要望」によってということであり、国会の議決によって建立する考えは以前から捨てている。④公明党の活動はあくまで大衆福祉のためであり、戒壇建立や日蓮正宗の国教化のためではない。⑤創価学会は宗教団体、公明党は政治団体であるという「政教分離」を結党の時から主張してきたが、それをさらに明確にするため議員の創価学会内の役職兼務をはずす。両者は「一体不二」であると述べたこともあるが、体制や機能の面では別である。⑥学会は公明党の支持団体の一つとして、今後も選挙支援はするが、会員の政党支持は自由である。⑦池田自身は生涯宗教人として生き抜き、政界に出ることはない。

公明党も、この講演を受けて党体制の改革を進めた。一九七〇年六月の第八回公明党大会で綱領と党則を全面改定し、結党時にあった「王仏冥合」などの宗教的用語を一掃して「宗教政党」であることをやめ、普通の「国民政党」として再出発することを宣言した。政治路線としては「中道革新連合構想」を掲げ、野党再編による政権奪取をめざすことになった。また議員の創価学会役職は返上した。

かくして創価学会と公明党の関係は大きく転換し、公式的かつ形式的には公明党は自立した「国民政党」として大衆福祉などの実際的な諸政策を掲げて実績を積み、創価学会員以外の広い支持層を求めていくことになった。議員にも創価学会員以外の人物を擁立することになった。創価学会は支持団体の一つとして、会員の「政党支持の自由」を保障しつつ、宗教活動を基軸に平和・教育・文化活動に邁進することになった。この方針は公式見解として現在まで変更されてはいない。

公明党は言論問題が起こった一九六九年一二月に二度目の衆院選を迎え、この時は初回の倍近い四七議席を獲得した。しかし、国民政党として初めて臨んだ一九七二年暮れの第三三回衆院選では二九議席へと減らした。もっとも、その後は議席を回復し、八三年の第三七回衆院選でこれまで最多の五八議席を獲得した。

国民政党となった公明党と創価学会との関係における課題も新たに発生した。その第一は支持理由の世俗化である。公明党を支持する理由が信仰や王仏冥合など宗教的目標が一致するからではなく、党の政策自体が会員にメリットがあるか否かの現実的理由になったことである。しかしそれは原則論であり、実際には個々の政策を理解し判断するのは簡単ではなく、都市部と農村部での会員の利害関係が異なる場合も出てくるので容易ではない。結局は公明党への信頼を基礎に一党支持を続けていった。第二に、創価学会と公明党は「政教一致」だというミスリードした批判に対応して、池田も「政教分離」を進めると主張したことである。憲法上の

「政教分離」原則における「政」は国家・政府を指し、国家・政府が特定の宗教(団体)に特権を与えること、また自ら宗教活動をすることを禁じたものである。したがって創価学会と公明党との分離は「政教分離」ではなく、「政党と宗教団体の分離」にすぎない。また創価学会が公明党を支援する活動は、「政教分離違反」ではない。しかし、この二つの課題への対応で、創価学会は相対的に自立した党へのコントロールに腐心し、他方で世間からの批判に敏感になって、その後の創価学会による公明党支援活動、選挙活動が機関紙『聖教新聞』などで正面切って論じられることが減り、ある種「隠語化」していった[浅山、二〇一七]。

二　政権参加──非自民連立政権下の小選挙区制導入、そして自公連立へ

一九八〇年代の創価学会は、名誉会長となった池田が創価学会インターナショナル(SGI)会長として海外での布教に本格的に取りくみ、それをバネとして国内でのリーダーシップも復活させていった[秋庭、二〇一七、川端・稲場、二〇一八]。日蓮正宗法主・日達の急逝(一九七九年七月二二日)を受けて猊座を継承した日顕・新法主との関係も当初は友好的で宗門内の地位も復活した。公明党も国民政党として中道革新連合構想などを掲げながら、党勢を拡大していった。

しかし一九九〇年代に入ると創価学会と日蓮正宗との確執が再燃し(第二次創宗対立)、九一年一一月に日蓮正宗が創価学会に破門通告を送りつけて両者の分裂が決定的となった。創価学会は、それを「平成の宗教改革」と捉え、僧侶のいらない葬儀「友人葬」[中野ほか、一九九三]を考案・実行し、会員に下付する本尊も独自のものを制定して、宗門による伝統支配から脱却していった。

他方、公明党は念願の政権入りを果たすことになる。一九九三年の第四〇回衆院選で自民党、社会党は惨敗し、非自民八党会派による細川護熙連立内閣が成立した。戦後の自社五五年体制が終焉したのである。公明党も閣僚を出して参加し、政権与党入りを果たした。しかし非自民連立政権は短命で終わり、九四年六月には自民・社会・さきがけ三党による村山富市社会党委員長を首班とする政権に取って代わられたが、この期間に公明党が次に自民党と連立するにいたる大きな要因が作られた。ひとつは衆議院での「小選挙区制」導入であり、もうひとつは政権に復帰した自民党からの執拗な創価学会攻撃である。

細川内閣は政治改革を目指し、一九九四年一月に政治改革関連法が衆参両院で可決した。小選挙区三〇〇、比例代表二〇〇、一一ブロック単位の比例代表とする衆院選における「小選挙区比例代表並立制」の成立である。政権交代が容易な二大政党制をめざしたものであったが、小選挙区制は弱小政党にとっては圧倒的に不利であり、それを補うため比例代表制並立となった。しかしその配分などをめぐって内部分裂し、非自民連立政権は瓦解した。同年六月に自社さ三党による村山内閣が誕生した。野党に転じた新生、公明など各党は次期衆院選に向けて一大新党の結成を急ぎ、同年一二月に「新進党」が誕生した。しかし公明党は「分党」して参加するにとどまり、非改選の参院議員一一人と地方議員、党職員、機関紙などは残留組織「公明」として残り、党本部も引き続き新宿区信濃町に置かれた。この分党が後の新進党解党の一因になった[薬師寺、二〇一六、第六章、島田・矢野、二〇一〇]。

創価学会もこの時期に大きな方針転換をしている。新進党の結成を間近に控えた九四年一一月、これまでの公明党一党支持の方針を転換し、「社会協議会」を中央と地方組織に設置して候補者を人物本位で決定することになった。この協議会は当初、会議の冒頭部分をメディアに公開して行われ、創価学会として公明党その他の候補者の支援を正式に機関決定し、内外に表明する場となった。これまでの「隠語化した」支援を改革したのである。

新進党は翌九五年七月の参院選に初挑戦し大躍進した。比例区では当選議席も自民党を上回り、得票数も自民党に比例区で一五〇〇万票、選挙区でも五〇〇万票上回った。このままいけば次回の衆院選では新進党が確実に勝利する見通しとなった。この結果に大きな衝撃を受けた自民党は、新進党躍進の主たる要因を創価学会の組織力とみなし、「信教と精神性の尊厳と自由を確立する各界懇話会」(通称「四月会」、九四年六月設立)が中心となって自民党機関紙『自由新報』などで反創価学会キャンペーンを開始し、さらに宗教法人法改正を利用した攻撃を始めた。

一九九五年は、一月に阪神淡路大震災が起こり、三月にはオウム真理教が地下鉄サリン事件を起こし、それをきっかけにして一一月に宗教法人法が改正されるなど激動の一年であった。宗教法人法改正の主要な目的は広域に活動する宗教法人を文部省が監督できるようにする等の監督権限の強化にあったが、参議院での審議に入ると自民党は創価学会の池田名誉会長の参考人招致を要求した。新進党はそれに強硬に反対し、代わりに秋谷栄之助会長を呼ぶことで決着した。秋谷の参考人聴取は同年一二月に行われ、冒頭陳述では法改正に込められた政治的意図を批判した上で、創価学会の政治との関わりを「一、国家権力を使って布教しない。一、国家からの特別の保護や特権を求めない。一、支持する政党や候補者が宗教的中立であることを求める。また支援する政党の人事・政策・財政には一切干渉しない、創価学会の支援活動は全体の宗教活動の量からみればごく一部である」などと主張した。しかしその後も自民党は創価学会と新進党への攻撃を続け、その効果もあってか一九九六年一〇月の第四一回衆院選で新進党は敗北し、翌年には解党してしまった[薬師寺、二〇一六、第七章]。

自公連立政権の成立

新進党解体後の野党は分立したが、民主党が自民党への対抗軸として浮上した。分党していた公明関連も合流して、九八年一一月に新「公明党」として再結集した。その背後で、創価学会と自民党との和解が進展した。いくつかの地方選挙で創価学会は自民党候補を支援し、その見返りに自民党は創価学会への攻撃をやめ、九八年四月二八日付の自民党機関紙『自由新報』には、かつての創価学会への攻撃が「池田名誉会長の名誉と人権を傷つけた」とする創価学会の抗議文と、それに対する謝罪文を掲載した。

その後、自民党は同年七月の参院選で大敗し、橋本龍太郎内閣が総辞職して小渕恵三内閣が誕生した。しかし参議院は少数与党の「ねじれ国会」となったため、山一証券の破綻などバブル崩壊後の金融関連国会を乗り切るため、自民党は連立の相手を求めて公明党にさらに接近してきた。支持母体の創価学会には自民党への強い警戒心が残っており、まずは閣外協力からとの判断であったが、小渕首相が景気対策の一環として公明党が求めていた地域振興券の発行を進めるなど、歩み寄りを強めた。翌九九年一月に始まった第一五一回通常国会では、公明党も自民党に協力し、自由党とも連携して新ガイドライン(新しい日米防衛協力のための指針)関連法、憲法調査会設置法、国旗・国歌法、通信傍受法など難しい法案を軒並み成立させ、公明党の協力が有効であることを示した。

一九九九年一〇月五日に自民・自由・公明の三党連立による小渕第二次改造内閣が発足した。この連立は、自民・公明の両党内部や支持者からの反発や世間の驚きを招き、それまで自民党を支援していた立正佼成会が離反するなど宗教界にも波紋が拡がった。その後、自由党が連立から離脱し(二〇〇〇年四月一日)、その直後に小渕首相が脳梗塞で倒れ、帰らぬ人となった。しかし自公連立は継続した。二〇〇九年の民主党による政権奪還の際には自公ともに下野したが、二〇一二年一二月の第四六回衆院選で自民党が圧勝して政権に返り咲き、第二次安倍晋三内閣で自公連立も復活し、今日まで二〇年以上続くことになった。

かくして自公連立政権が誕生したが、当初から難題も抱えていた。その最大の問題は、両者の政策、特に国家観の違いである。自公連立ができた際の首相・小渕恵三が属する最大派閥・平成研究会は、その源流は竹下登の経世会、さらには田中角栄の木曜クラブに遡る。基本的に財政出動を重視し、外交安全保障でも親中的なハト派であり、公明党と政策的にも近かった。人脈の面でも国会対策などを通じて公明党と緊密な関係を長年にわたって続け、それが小渕首相の下で自自公連立が成立する伏線となった。それに対し、小渕急逝をうけて首相となった森喜朗、その後継の小泉純一郎、さらに安倍晋三は福田赳夫が創設した清和会に属し、タカ派右派路線が続くことになる。ここに自公連立の底流に流れる思想的・政策的相違が大きくなったにもかかわらず、何故、これほど長く連立が続くのか、という大きな疑問が生じる。次節ではこの問題を考察していく。

三　何故、自民党との連携か、また継続するのか

連立以前の自民党との関係

これまでの記述から、創価学会・公明党と自民党との関係は、戸田時代を除いては「反自民」「非自民」「自公連立」と次第に右傾化してきたように見える。しかし、自公連立を生みだす要因は幾重にも出来あがっていた。そもそも創価学会は宗教運動として発展したのであり、公明党も宗教政党として出発した。それはいわゆるイデオロギー政党ではなく、仏教の慈悲の精神を政治にいかし、また政治的谷間にあった庶民の生活向上をめざした政党でもあった。従って宗教批判を底流にもつマルクス主義、社会主義とは相容れず、もともと左翼的要素はなかった。戦前の牧口常三郎は赤化青年の更生にも尽力していた。戦後も既述のように、炭労事件

で社会党への不信感は増幅した。他方、牧口を獄死させた軍国主義国家、神聖天皇制への批判精神は強く、国や自民党政権への警戒心も大きかった。大阪事件はその不信感を決定的に強めたといえる。

これらを背景に、第三代会長となった池田大作は就任直後から「第三文明の建設」を主張し、公明党も中道政治を標榜していた。一方で自民党政権、他方の社会党・共産党の左翼陣営があっての「第三の道」の探求であった。さらにいえば、背後には日蓮正宗というある意味頑迷な伝統仏教団体が控えていて、戸田時代からある種の緊張関係にあった。それら諸勢力を睨みながらのその後の道程といえる。

このような中で、自民党との繋がりも古くからあった。一九五八年三月一六日に日蓮正宗総本山大石寺で行われた「広宣流布の記念式典」に、戸田は当時首相だった岸信介を招待した。岸は党内の反対で途中で引き返したが、名代として首相夫人、娘婿で秘書の安倍晋太郎、東京都の安井誠一郎都知事などが参列した。このことは、すでにそれ以前から親密な付き合いがあったことを示している。また一九六四年に佐藤栄作内閣が成立した時期、日本大学会頭・古田重二良の主導で「宗教センター」が設立され、新宗教界を一元的に管理しようとした。その際、佐藤・古田は創価学会も組み込もうと接近した[中野、二〇〇三、一五二頁]。言論出版妨害事件の時には、自民党幹事長・田中角栄が世話を焼き、首相・佐藤も国会で擁護した。以来、「角栄には頭が上がらなくなった」ともいわれている。

また公明党が地方議会に多くの議席を占め始めると、自民党議員との連携もふえ、一足早く自公による与党化が進んでいた。この点も中央における自公連立を生む重要な要因の一つである。

支持層の社会的属性

公明党の主たる支持者である創価学会員の社会的属性、階層的特徴からは、自公連立を可能にしている要素としては何が読み取れるであろうか。かつて戸田は「創価学会は貧乏人と病人のあつまりだ」と述べたが、鈴木広が創価学会は単なる都市型宗教ではなく、「農村部から流入してきた都市下層民」による宗教集団であることを明らかにし〔鈴木、一九七〇〕、包括的な創価学会研究であった通称『ホワイト・レポート』でも同様の傾向は指摘された〔ホワイト、一九七一〕。創価学会はこれら都市に流入した下層の人々に、唱題による生命力の向上、教学学習による知識や言語能力の向上などを通して、人生の意味と目的を与え、困難な状況下で生き抜く意欲と方法を提供することで急拡大した〔玉野、二〇〇八、五一頁〕。さらに、公明党は「眠っていた大都市の棄権票を起こして投票所に連れ出した」〔石川、一九七八〕と記されたように、都市部低学歴層を大量に政治参加させる機能を果たしていた〔蒲島・境家、二〇二〇、一六七―一六九頁〕。

他方、これら都市下層民は社会的上昇願望が強い社会層といわれ、強い信仰心と布教活動による発展を背景に社会的成功をめざした。故に、その後の日本社会の高度成長と並行して創価学会が発展するとともに、会員も社会階層的に上昇したと思われていた〔島田、二〇〇四、玉野、前掲〕。しかし筆者が二〇〇八年に各種世論調査のデータを整理して検討した結果、予想したほど上昇していなかった〔中野、二〇一〇〕。同じことが他の社会学的統計分析でも明らかになっている〔松谷、二〇〇九、小林、二〇一九〕。松谷満によれば、公明党支持層は、低学歴、自営・ブルーカラー層、低所得層という特徴がいまだに顕著であり、むしろ階層の固定化が生じているという。

また公明支持層の価値意識における立ち位置は自民よりむしろ民主支持層に近く、「中道革新」的であるという蒲島郁夫らの知見〔蒲島・竹中、一九九六、三〇二―三〇三頁〕が現在もあてはまるという。国会議員の政策位置も公明議員は自民より民主党・民進党に近いという点もしばしば指摘されている〔東京大学谷口研究室・朝日新聞社共同調査など。中北、二〇一九、第六章〕。これらの結果から、現在の自公連立政権は利害が異なった支持層の相矛盾する価値意識のもとに成立していることが分かる。

さらに自衛隊のイラク派遣、憲法改正、総理の靖国参拝、郵政民営化などの政治的争点への態度を分析すると、靖国参拝以外は自民支持層と公明支持層は近く、公明支持層は公明党の立ち位置によって争点態度を決めていて、主体的な判断をなしえていない［松谷、前掲、四〇頁］。公明支持層は価値意識としては「非保守的」であるにもかかわらず、政治的争点と断絶して、結果として保守を補完する安全装置として働いていることになる。長期にわたって自公連立政権が継続したのは、新自由主義およびナショナリズムの復権といった方向性から打ち出される諸政策に対し、公明支持層が価値意識との矛盾を考慮することなく支持を与えたためであり、公明党の「保守補完的役割」によるのである。

小選挙区制への対応

価値意識や政策距離が大きく離れている自民・公明が連立を組み、持続できているもう一つの要因は、小選挙区制に対応する「選挙協力」と「政策調整」のシステムである［中北、前掲、第七章］。

弱小政党にとって小選挙区で議席を確保するのは、ほぼ不可能である。ゆえに大政党に合流するか、地域で安定した支持基盤がある政党との選挙協力によって獲得するしかない。新進党への合流は前者であったが、その苦い経験から弱小政党として生き残る道を選んだ公明党にとって、衆院小選挙区から撤退するか、安定した政党と連携するしかなかった。

選挙協力は、公明党候補のいない小選挙区で自民は公明から推薦・支援をうけ、その見返りに自民は「比例は公明」と呼びかけ、かつ公明が候補を立てる小選挙区では自民は立候補せず、公明を支援するというものである。その結果、公明はほぼ九つの小選挙区で自前候補が当選できるようになり、そこでは自民支持層の三八〜六八%の票を得ている。比例代表で公明は自民支持層から四〜七%の支援を受けている。他方、自民党にとっても、各小選挙区で一〜二万票をもつ創価・公明の存在は大きい。公明候補のいない小選挙区で自民は公明支持層の六一〜七八%という圧倒的な支援を受けている。公明党から各小選挙区の自民党候補への推薦も年々増加し、二〇一七年の衆院選では九六%に達した。自民・公明両党の選挙協力は、まさに勝者総取りの小選挙区制に対応するものであった。参院選でも同様の緊密な選挙協力が進められてきた。

自民・公明両党間で政策を調整し妥協点を見いだすために編み出されたのが、国政選挙の際の「共通公約」と、連立政権を樹立する際の「政策合意」である。そして具体的な政策を調整し、決定する中心機関が「与党政策責任者会議」である。両党から関係者がほぼ同数出席して検討・決定する。自民党の議席数や政権担当経験に比べて圧倒的に劣る公明党が、ほぼ対等な比重で論議するのである。重要度に応じて党首会談や幹事長・国会対策委員長会談なども行われる。このような政策合意のシステムは二〇〇四年に作られ、二〇一二年の第二次安倍内閣以降も続けられている。自公連立が持続するのは、連立のマイナー・パートナーへの配慮を欠かさない政策調整の仕組みである。政策距離が大きくても政策的な妥協点を見いだし、連立を持続させることが可能となり、さらに連立によって政策の幅が広がり、多様な国民の声を取り込むことにも貢献している。

四　自公連立による利点と代償

これらきめ細かい選挙協力と政策合意システムを通して、自公連立政権は二〇年をこえて続いている。公明党・創価学会にとっての利点と代償をまとめてみると次のようにいえよう。

政権参画の利点

少数政党である公明党が自民党と組んで政権を担う際の利点は、何よりも「政策実現の可能性」が高まったことである。事実、公明党は薬害C型肝炎問題や原爆症患者救済問題ほかの医療問題、年金や介護問題での弱者対策、子育て支援や地域振興券、政治家個人に対する企業・団体献金の禁止などの「清潔な政治」の確立、労働者派遣制度の見直しやワーキング・プア対策などの格差是正や景気回復への取り組みなど、さまざまな対策を立案し、実現させてきた。近年のコロナ対策においても、ワクチン確保のために予備費を使って早期にメーカーと契約するよう政府に提案し加速させた。

また前述の国政選挙における「見返り選挙協力」の恩恵もある。その結果、少数政党に圧倒的に不利な小選挙区で七〜九議席を確保することができており、衆参の比例区で一〇〇万票をこえる得票の上乗せも可能となった。その他にも、政権に参画しているが故の利点は数多くあろう。自民党からの攻撃も抑えることができた。また論点は異なるが、公明党が与党であることによって、海外のSGI運動にとっても「カルト」視されないという間接的メリットも生んでいる。

皮肉なことに、自公連立が安定してくると自民党政権の右傾化の度合いも強まってきた。特に顕著になったのは第二次安倍内閣からであるが、その原因は安倍自身の政治信条と、小選挙区制のもとで政権奪還をめざす民主党ほか野党が政策的差異を示すため左によったからである。この時期、安倍政権は憲法改正を主張し、特定秘密保護法、改正組織犯罪処罰法（テロ等準備罪法）、統合型リゾート実施法（俗にIRカジノ法）など重要法案の成立をめざした。これらに対し公明党は憲法改正では加憲を主張して抵抗し、他の法案でも条件を厳しくするなど一定の「ブレーキ」をかけている。

紛糾した集団的自衛権と安全保障関連の問題でも、公明党は集団的自衛権の行使に歯止めをかけることに腐心した。結果として「我が国の存立が脅かされ、国民の生命、自由及び幸福追求の権利が根底から覆される明白な危険がある場合」にのみ当該自衛権発動を認める「新三要件」が策定され、二〇一五年九月、安全保障関連二法が成立した。公明党としては「個別的自衛権の拡大」の範囲内に抑えこみ、自民党には「限定的な集団的自衛権」の行使として納得させたのである〔中北、前掲、二八九―二九九頁〕。

政権参画の代償

公明党は、自公連立に留まることで代償を払うことにもなる。まずいえることは、自民党政治の補完役となり、自民党政権の施策に共同責任を負わねばならなくなった結果、公明党の方針に疑問を感じる支持者が増えてきたことである。

小泉政権以降の新自由主義的経済政策、その延長のアベノミクスの結果は、一部企業は活性化したものの、多くの労働者の賃金は上がらず、格差がかつてなく増大した。既に指摘したように、主要な支持者である創価学会員の社会階層は今でも低く、格差拡大の被害をもっとも強く受けている。最近の公明党投票者の世帯年収も約半数が四〇〇万円未満であり、六割以上が五〇〇万円未満となっている。日本の世帯平均年収が五六〇万円であることから、公明党投票者は景気悪化の影響を強く受けやすい層であり、七〇%が将来の生活に不安感をいだいていることが確認されている[小林、二〇一九]。

公明党が宗教政党から「国民政党」になったことで、その政策は現実的な政治経済政策が柱となり、理屈の上では、支持者もその善し悪しで判断しなければならなくなった。現実的な政策と、主たる支持者である創価学会員の現実的な利害の対立、さらには理念上のズレが生じる可能性を、筆者は早くに指摘した[中野、二〇〇三、第五章]。また松谷が指摘したように、「公明支持層は支持政党である公明党の立ち位置によって争点態度を決め」ており、価値意識や経済的利害のズレがあっても、党および支持母体を信頼して投票行動を決めてきた。しかし自民党の右傾化や格差拡大によって、それらのズレや利害対立が鮮明になるにつれ、支援者の精神的ストレスも増大し、選挙活動への意欲を削いでいるのではないかと思われる。加えて、ごく少数の衆議院小選挙区で議席を確保するために、種々の政治的駆け引きも行われ、支持者の意欲の低下を招いている。

それを示す現象は、「公明支持層の公明離れ」である〔中野、二〇一〇、一二八頁〕。自公連立が復活した後もそれは続き、二〇一六年の参院選でも、公明支持層の二四％（朝日新聞出口調査）が野党統一候補に投票した。各選挙での得票数も、二〇〇五年衆院選比例の九〇〇万票弱をピークに減少傾向にあり、二〇二二年参院選比例区では六一八万票まで落ち込んだ。この要因は創価学会員の高齢化、それに伴う組織力の低下といわれることが多いが、支持者の不満や意欲の低下も大きな要因ではないかと考える。衆院小選挙区からの撤退も含め、改めて検討する時期にさしかかっているともいえよう。

おわりに――今後の課題と公共空間への参与のあり方

冒頭で、宗教者・宗教団体が公共空間へ参画する上で必要なこととして、宗教的言語の翻訳、理性的な討議、公開性と透明性をあげた。それらを念頭におきながら、公明党と創価学会の課題を考えて終わりたい。両者共通の課題もあるが、まず公明党を焦点に考えてみる。

①何よりも、公明党が一九七〇年に宗教政党から国民政党、つまり普通の政党になったことは、公共空間への参加の第一歩だったといえよう。合理的・普遍的言語で政治、経済、外交などの政策を各種議会や集会で論議し、選挙における支持者による支援依頼も政策を掲げて行わざるをえなくなったからである。もっとも政界に進出した当初から、公明党は宗教的言語で政策を議論したことはなく、国家予算の無駄遣いや沖縄の基地問題などを指摘してきたことは知られている。

困難を抱えたのは、むしろ支援する側である。それ以前は創価学会と公明党は一体不二とされ、選挙の勝利が「広宣流布の前進」「信心の勝利」という宗教的言語で語られていた。支援に際しても、候補者は信仰の同志、創価学会の幹部だからなどの理由で支持していたが、それでは不十分となり、政策の学習と理解が不可欠となった。それは容易なことではなかったが、そのことでむしろ会員が合理的言語をもって公共空間に参加していく機会となったといえる。

なお創価学会員が選挙の勝利は信仰の勝利と信じ、語ることはいまもある。宗教団体の成員が政治参加する際にその理由や動機を宗教的言語で語るのは、ある意味、自然のことであろう。

しかし、それは冒頭に記した「翻訳不能な真理言説」であり、その言語だけでは、他者との討議や支援依頼は困難になったのである。

②公明党は二〇二二年九月の第一四回全国党大会で山口那津男代表を再任し（八期目）、二年後の結党六〇年をめざして「大衆とともに」という立党精神を再確認し、庶民の声を代弁する政党であると強調した（『公明新聞』二〇二二年九月二六日）。この姿勢を忘れず、かつ議員の不祥事にも厳しく望み、衆望にあった政治を行って貰いたいが、重要なのは「大衆」「庶民」とは誰であるかという点である。公明党が政権与党として向きあうべき大衆は、総論としては国民全体であるが、焦点を絞れば富裕層や大企業ではなく、現在の格差肥大化社会において困難に直面している人々である。

公明党の支持者が、まさにその代表的社会層であることを指摘した。その事実を率直に認識し、その支持層の生活水準の向上、安心・安定化のための総合的かつ構造的施策を打ち出す必要があるのではないだろうか。その層の生活を底上げできれば、中間層全体の底上げにもつながる。それは一時的な対症療法的な施策では駄目であり、かつ自民党の新自由主義的政策やアベノミクスなどとは大きく異なる政策であるはずである。公明党の政策が連立相手の自民党と何処が異なるか、明確に打ち出しつつ、政策協議に臨む必要がある。透明性、公開性をより深めていく不可欠の条件である。

その意味で注目されるのが、最近しばしば登場する「ベーシック・サービス論」である。井出英策・慶應義塾大学教授が提唱する経済財政政策であるが、医療や介護、育児、教育、障害者福祉、住まいなど人間が生きていく上で不可欠な基本的サービスを無償化し、「弱者を助ける制度」から「弱者を生まない社会」をめざすというものである。公明党は二〇二〇年の公明党大会において、この実現をめざすと石井啓一幹事長が打ち出している〔井出、二〇二一〕。財源をいかにするかの課題も含めて大いに論議してほしい。

③自立した現代政党として、運営方法や機構をさらに合理化・透明化する必要がある。自前の党組織を確立し、地域における日常的な政治活動や広報活動を地道に展開し、選挙時には主体的に支援活動を展開できるようにすべきである。また代表選挙においても複数の候補による政策や路線についての公開の論議を行い、議員のみでなく多くの党員が参加した代表選挙が望ましいことはいうまでもない。さらには各種選挙における候補者選定の透明化も必要であろう。

④公明党が発足当初から期待されていた役割の一つに、創価学会を守る防御手段、防御陣だというものがあった。確かに創価学会からすれば、戦後の発展期に、政治家やメディアなどによる批判や攻撃を防ぐ必要はあったであろう。しかし今後は、国や権力者が宗教者や宗教団体の

自由な活動を阻害するような全ての事態に対し、「信教の自由」を政治側から守る旗手として働いて貫いたい。

では、創価学会における課題とは何であろうか。

①創価学会は日蓮正宗と分かれて以来、日蓮仏教を基礎としながらも、仏性内在説や一生成仏説（現世での幸福生活の確立）など、より普遍性のある教義へと展開しつつ、苦難を乗り越えていく勇気と力とを提供し、現代における個人の安寧・幸福の探求、他者とそれらを分かち合う自他共生の社会の実現をめざす宗教運動へと発展することを目指していると思われる。

その運動は国境を越えて展開しているが、世界宗教としてさらに発展するためには、ある国家の統治や財の再配分を担う政治や権力とは距離を置き、基本的人権を擁護し、弱者に寄り添い、それらを抑圧する権力に異議を申し立てる行動、戸田城聖が主張した「政治を監視する」働きを各国で展開していくことが重要であろう。

②大衆運動としての性格をもつ創価学会は、大規模な集団行動による活性化が必要だといわれており、かつては文化祭や登山会などがそれを担っていた。戸田が選挙は組織を引きしめるといったように、選挙活動もその一端を担っていた。現在ではむしろ選挙活動が唯一、その機能

を果たしているようにも見える。

しかしいまや、それらに代わる純粋な宗教活動の深化と展開が必要と思われる。布教や座談会などを通しての会員や友人との相互啓発、文化教育活動に加え、地域貢献活動などがさらに期待される。地域の会館などの施設を開放し、いつでも誰でもが立ち寄り、話し合える地域のコモンズ(コミュニティ)形成の基盤になって欲しいとの提案もある。

③日本国内では公明党への選挙支援を中心に政治参加も続けていくことになろう。それは宗教団体が望ましい社会や国家をめざして公共空間へ参加する一形態でもある。その際に重要なことは「透明性」「公開性」である。宗教団体として、いかなる社会を理想として社会・政治活動を展開するのかを論じる「社会理念」の策定と公開、さらに他の教団や社会団体との対話が重要であろう。その上で特定の政党や政治家を支援する基準もより明確にする必要がある。

④創価学会が中央および地方組織にもうけている「社会協議会」は、創価学会として社会問題にどのように取り組むかを協議する機関であり、社会に発信する機関でもある。選挙時においては、公明党や他党からの、また個々の候補者の支援要請を検討し、審査・決定して、公表する場でもある。公明党候補者の審査を厳格に行うとともに、他党候補の審査も行うことが望ましい。各地域レベルでの協議会も重要であり、議員の支援理由を会員や支持者とも議論し、了

解を得るシステムの構築が必要と考える。
⑤宗教法人となっている宗教団体は、公益に資するとの大前提から資産への非課税などの点で優遇されている。その活動が主たる宗教的目的から逸脱していないか、社会・政治活動も、主たる宗教活動を越えていないか、常に点検していくことが求められる。
⑥重要な点は、信仰を同じくする団体内であっても、政治的信条や支持政党が異なる場合があり得ることへの素直な認識である。その延長に成員の政党支持の自由は基本的人権として最大限に尊重されなければならない。創価学会においても、それは公式方針となっているが、周知徹底されているとは思われない。創価学会として公明党や他党の候補者への支援を機関決定し、支援運動を展開する場合でも、会員の自発的賛同が大前提となる。賛同できない会員を排除してはならないし、支援活動への動員で会員の権利や自由を圧迫することがないように十分に配慮する必要がある。そのためには、通常の宗教活動と政治・社会活動を明確に分けて行うさらなる工夫や体制の構築が求められていると思われる。

自由権の主張には、他者の自由を奪う自由は含まれない。様々な宗教者や宗教団体が公共空間へ参与していくことは歓迎すべきことである。その際には、社会の公益性への貢献、基本的人権の重視、自他の相互尊重、他者の自由の尊重などを大前提とし、公開性と透明性を確保することが不可欠であることを、改めて強調しておきたい。

参考文献

秋庭裕『アメリカ創価学会〈SGI-USA〉の55年』新曜社、二〇一七年。

浅山太一『内側から見る創価学会と公明党』ディスカヴァー・トゥエンティワン、二〇一七年。

池田大作『池田会長講演集』第三巻、聖教新聞社、一九七一年。

石川真澄『戦後政治構造史』日本評論社、一九七八年。

井出英策「幸福の裾野を広げる「弱者を生まない」社会」『公明』二〇二一年八月号、一八−二三頁。

大谷栄一『近代日本の日蓮主義運動』法藏館、二〇〇一年。

——『日蓮主義とはなんだったのか——近代日本の思想水脈』講談社、二〇一九年。

蒲島郁夫・境家史郎『政治参加論』東京大学出版会、二〇二〇年。

蒲島郁夫・竹中佳彦『現代日本人のイデオロギー』東京大学出版会、一九九六年。

川崎弘志「創価学会近代史の検証（その1）」『法華仏教研究』第二九号、二〇二〇年四月、七六−一八一頁。

川端亮・稲場圭信『アメリカにおける異体同心――二段階の現地化』新曜社、二〇一八年。

公明党史編纂委員会『大衆とともに 公明党50年の歩み』(増訂版)公明党機関紙委員会、二〇一九年。

小林良彰「閉塞感打破する進歩的立案に期待」『公明』公明党機関紙委員会、二〇一九年一一月号、一二―一七頁。

――「21年衆院選結果分析と今後の政治」『公明』二〇二二年一月号、八―一三頁。

島田裕巳『創価学会』新潮新書、二〇〇四年。

――『公明党 vs. 創価学会』朝日新書、二〇〇七年。

島田裕巳・矢野絢也『創価学会 もうひとつのニッポン』講談社、二〇一〇年。

鈴木広『都市的世界』誠信書房、一九七〇年(特に第5章)。

玉野和志『創価学会の研究』講談社現代新書、二〇〇八年。

塚田穂高『宗教と政治の転轍点――保守合同と政教一致の宗教社会学』花伝社、二〇一五年。

中北浩爾『自公政権とは何か――「連立」にみる強さの正体』ちくま新書、二〇一九年。

中野毅『戦後日本の宗教と政治』大明堂、二〇〇三年(原書房から再刊、二〇〇四年)。

――「民衆宗教としての創価学会――社会層と国家との関係から」『宗教と社会』第一六号、二〇一〇年、一一一―一四二頁。

──「創価学会草創期における政界進出の理念と動機を再考する」『日蓮仏教とその展開』(花野充道博士古希記念論文集)、山喜房仏書林、二〇二〇年、七一一-七四二頁。

中野毅ほか編『友人葬を考える──日本における仏教と儀礼』第三文明社、一九九三年。

中野毅・平良直・粟津賢太・井上大介編『占領改革と宗教──連合国の対アジア政策と複数の戦後世界』専修大学出版局、二〇二二年。

ハーバーマス、テイラー、バトラー、ウェスト、カルフーン『公共圏に挑戦する宗教──ポスト世俗化時代における共棲のために』箱田徹・金城美幸訳、岩波書店、二〇一四年。
J.W.ホワイト『創価学会レポート』宗教社会学研究会訳、雄渾社、一九七一年。
松谷満「「保守補完」政党としての公明党──支持層における「非保守的」政治志向の抑止効果をめぐって」『アジア太平洋レビュー』第六号、二〇〇九年、二九-四二頁。

薬師寺克行『公明党──創価学会と50年の軌跡』中公新書、二〇一六年。

第4章　フランスのライシテとセクト規制

伊達聖伸

フランスで二〇〇一年に制定された「反セクト法」が現在の日本で一定の注目を集めている。それは安倍晋三元首相銃撃殺害事件によって、旧統一教会（世界平和統一家庭連合）と自民党を主とする（野党議員も含むが）少なからぬ国会・地方議員との密接な関係が広く知られるようになったことが大きい。政治と反社会的な行為を繰り返してきた宗教団体との関係は断ち切るべきとの世論が高まり、フランスの「セクト」（カルト）規制法が参考になると目されている。

たしかにフランスはライシテと呼ばれる政教体制を敷き、それは厳格な政教分離の型に分類され、公的領域や公共空間からの宗教の徹底排除と理解されがちである。実際、「反セクト法」に加えて「ヴェール禁止法」を備えている国は、世界的にも珍しい。

だが、ライシテの基本法とされる一九〇五年の政教分離法は、良心の自由と礼拝の自由を保障するものでもあり、宗教が公共空間に現われるのを否定するものではないことを確認しておこう。「ライシテの国だから反セクト法が制定できた」という言明は間違っていないが、まさにライシテの原則ゆえに「セクト」の法的定義が不可能であることにも注意を促しておきたい。

本章の目的は、フランスの「セクト」対策の経緯と特徴を、同国の政教関係を特徴づけるライシテとの関わりにおいて論じることである。「セクト」を論述対象の中心に据えつつ、公共空間を脅かす(とされる)他の宗教との比較を念頭に、必要に応じてイスラームやカトリックにも言及する。

統一教会問題からはじまったフランスの反セクト運動

周囲からは「セクト」と見なされがちな組織であっても、どの立場からもそう認定されるとはかぎらない。とりわけ内部にいる者にとって、そうした認定は受け入れがたいことは想像にかたくない。そのため、この概念の実体的定義は困難だが、社会規範との関係において研究対象の範囲を画定しようとする宗教社会学の議論の手続きは参考になる。ひとまず「セクト」とは、何らかの正統の観念が存在する多かれ少なかれ集権的な社会において、異端的な社会的行動によって公共の秩序や個人の生存を脅かすと問題視されうる組織と押さえておくことにしよう〔リュカ、二〇一四〕。ここまで、「セクト」を定義することの難しさ、またこの語が現代のフランス語において蔑称であることから、鉤括弧に入れて用いるようにしてきたが、以下ではそのことを踏まえたうえで煩雑さを避けて基本的には鉤括弧を外して議論を進めることにする。

フランスでセクト問題が法の舞台に登場したのは一九六七年、エホバの証人に入信した妻がカトリックの夫との同居を拒み、子どもの育児を放棄していることから夫が離婚請求裁判を起こしたのが最初とされている〔中島、二〇〇二、九三七頁〕。

一方、フランスで最初の反セクト運動が形作られる原因となったのは統一教会である。一九五四年に韓国で文鮮明により創設されたこの異端的キリスト教は、一九六六年にフランス宣教を開始し、一九六八年に同地で最初のアソシエーション(団体)を作った。

一九七四年秋、フランス西部レンヌに住むシャンポリオン夫妻の一八歳の息子が家を出たまま帰ってこなかった。五日後、リヨンから電話があったが、住所は教えてくれなかった。息子が母親に告げたのは、それまで耳にしたことのないAUCMという四文字だった。「世界基督教統一協会」の略語である。シャンポリオン夫妻は、「文鮮明のセクト」の名でも知られるこの団体に子どもを奪われたと思い、「家族の価値と個人を守る会」(ADFI(アデフィ))を結成した。

ADFIは、家族を奪われた近親者たちによる情報交換と結束と対策協議の場として作られた。おもな対象集団は、最初は統一教会だったが、ほどなくして「神の子どもたち」（のちに「愛の家族」と改称、現「ファミリー・インターナショナル」）、クリシュナ意識国際協会（ＡＩＣＫ）、サイエントロジーなども加わった。レンヌのほか、パリ、リヨン、リール、ボルドーでも同様の団体が結成され、ＡＤＦＩは一九八二年に「家族と個人を守る会全国連合」（ＵＮＡＤＦＩ（ユナデフィ））となった。

一方、一九八一年には作家のロジェ・イコールが「反マインド・コントロール・センター」（ＣＣＭＭ）を創設した。マクロビオティックの食事療法をする禅の団体に関わっていた彼の息子が、自殺してしまったのがきっかけである。

ＣＣＭＭはライシテの傾向を持っていたのに対し、ＡＤＦＩおよび初期のＵＮＡＤＦＩのメンバーの多くはカトリックだった。しかも、宗教実践をするプラティカンと呼ばれる信者で、伝統的な道徳的価値観を持ち、政治的には右派を支持していた。ＡＤＦＩやＵＮＡＤＦＩは、セクトをカトリックの家庭から子どもたちを引き離す危険な存在と見て警鐘を鳴らしたが、当時の新宗教運動ないしセクト的団体には一九六〇年代を経た社会全般の左派的傾向や親子世代の葛藤を反映した面もあった。そのためＡＤＦＩやＵＮＡＤＦＩの活動は、当初は必ずしも広く支持されておらず、むしろ弱体化しつつあるカトリックが異端を告発する反動とも受け止められていた[Ollion, 2017, pp. 56–61]。

一九七〇~八〇年代の統一教会とフランス政界

一九七〇年代の統一教会は、カトリックの家庭から信者を獲得して教勢拡大をはかる一方、左派的な対抗文化に対する反共保守を掲げて、フランス政界の中道および右派にも浸透を企てていた。統一教会のフランス語雑誌『新希望』には、当時社会民主中道連合（ＣＤＳ）副党首で、のちにシラク政権下でヴェール禁止法が制定される際の委員会の座長を務めることになるベルナール・スタジのインタビュー記事が掲載されている。右派の共和国連合（ＲＰＲ）党首や、ジスカール・デスタン政権下の副大臣や自治体の首長らもインタビューに答えている[Ollion, op. cit., pp. 55–56]。

一九八〇年代に入ると、アメリカで文鮮明が脱税容疑で裁判にかけられ有罪になるなど、国際的にも評判を落とし、フランスの中道および右派の政治家は距離を設けるようになるが、統一教会は極右政党の国民戦線（ＦＮ）に近づき、同党が初めて議席を獲得した一九八四年のヨーロッパ議会選挙を支援したとされる[Ibid.]。

統一教会信者のピエール・セイラックは、一九八五年にＦＮ党首のジャン＝マリ・ルペンに会った。人柄にも政策にも惹かれなかったと言うが、教会の教えにしたがい、翌年FNから立候補して国民議会（下院に相当）議員となった。統一教会は一九八八年の大統領選挙を見越して、FNに二〇〇〇～三〇〇〇万フラン（三五〇～四五〇万ユーロ）の財政援助をしたようである。ルペン自身は、財政援助については否認しているが、選挙で応援してもらったことは事実と認め、統一教会から派遣されてきた人たちは非常に献身的だったと述べている（『レザンロックアップテイブル』二〇一二年九月一二日付の記事）。

一九八七年にルペンは、統一教会幹部の朴普熙（パク・ポヒ）のお膳立てにより、ワシントンDCのヒルトンホテルで現職の米国大統領ロナルド・レーガンと会っている。握手をしたツーショットの写真が残っている。もっとも、FNと統一教会の蜜月も長くは続かなかった。ルペンの反ユダヤ主義的発言を統一教会は問題視したが、ルペンは撤回せず両者の関係は冷え込んでいった。ルペンは一九八八年の大統領選では第一回投票で敗退し、翌年にベルリンの壁が崩壊すると、冷戦が終焉を迎えるなかで両者の結束を反共イデオロギーで維持していくことは困難になった（同上）。

ヴィヴィアン報告書

一九七〇年代から八〇年代にかけて、フランス政府のセクト対策は他の西洋諸国に先駆けていたわけではなく、むしろ後塵を拝していた。イギリスでは、サイエントロジー対策としてフォスター報告書が一九七一年に提出されている。アメリカでは、一九七八年にまとめられたフレイザー報告書が統一教会の危険性に警鐘を鳴らしている。

アメリカ発祥の人民寺院が、社会への敵対意識を強めて南米ガイアナへ移り、一九七八年に九〇〇人以上の死者を出す殺人および集団自殺事件を起こすと、ヨーロッパでも大きく報じられ、西欧諸国におけるセクト対策が始まった。フレイザー報告書も参照され、国家機構の内部に浸透を企てる統一教会の戦略も警戒対象となった。

統一教会はイギリスを起点にヨーロッパでの教勢拡大を目指しており、イギリスは統一教会やサイエントロジーのような具体的な集団を念頭に対策を立てた。セクト現象一般についての報告書を最初にまとめたのは西ドイツの一九八〇年の報告書である〔リュカ、二〇一四、一〇三―一〇六頁〕。

フランスでは、一九八三年に社会党の代議士アラン・ヴィヴィアンがまとめた報告書が首相に提出された。フランスの左派と言っても、宗教的マイノリティの権利を擁護する方向性と、宗教を告発し闘う態度を示す方向性とがある。『フランスにおけるセクト』と題されたこの報告書は後者の傾向を持つもので、セクトの定義を明確にしないまま、フランスには一一六のそうした団体があるとし、東洋系団体が四八、習合的・秘教的団体が四五、人種主義・ファシスト団体・その他が二三とその内訳を示している。そのうえで、セクトの数の多さと多様性から網羅的な調査はできないとし、サンプルとして九つの「セクト団体」を挙げ、活動内容などを短く紹介している。その筆頭に来るのが統一教会で、最後を飾るのが日蓮正宗(この時期の創価学会は日蓮正宗の信徒団体だった)である。他にも、愛の家族、サイエントロジー、クリシュナ意識国際協会などが取りあげられている。

報告書は、こうした団体が社会的に脆弱な人びとの信じやすさを利用していると批判し、情報提供の必要性や、引き裂かれた家族の修復および子どもの権利の重要性を訴えている。報告書が「開かれたライシテ」の促進を提言していることも注目される。これは、宗教的中立性を強調するライシテが、公立学校での教育から形而上学的側面を取り除いたことがセクトの台頭を招いているとの認識を示すもので、セクトに対峙するための宗教教育を提唱する方向性と親和的である[Rolland, 2001]。この場合のライシテとは、公教育からの宗教事象の徹底排除を意味するものではなく、さまざまな宗教的・哲学的イデオロギーを比較対照して判断する批判的精神の涵養に関わるものである。

ともあれ、セクトに敵対的なヴィヴィアン報告書の提案は、既存宗教からも国家による宗教の領域への干渉との批判を招き、すぐには政府主導の対策にはつながらなかった。セクト対策が政府の優先事項となるのは、一九九〇年代半ば以降を待たなければならない。

政府主導の反セクト闘争へ──ギュイヤール報告書

一九九三年、米国テキサス州のウェーコにセクト団体ブランチ・ダビディアンが武装して立て籠もり、教団指導者を含む七六名のメンバーが死亡する事件が起きた。一九九四年一〇月、太陽寺院の信者五三名がスイスとカナダで集団自殺した。一九九五年三月には、東京でオウム真理教が地下鉄サリン事件を起こした。

こうした一連の事件を受けて、フランス政府も本格的なセクト対策に乗り出す。中道右派のフランス民主連合（ＵＤＦ）のアラン・ジェストを委員長、左派社会党（ＰＳ）のジャック・ギュイヤールを報告者とする国民議会調査委員会が一九九五年七月に設けられた。委員会は五カ月の調査を経て、同年一二月二二日に議会に報告書を提出した（刊行は翌九六年一月一〇日）。

ギュイヤール報告書は、セクトの客観的・法的定義は不可能としつつ、危険性の観点からセクト現象を識別するための一〇の基準を示している。

①精神の不安定化
②法外な金銭要求
③元の生活からの引き離し
④身体に対する加害
⑤子どもの加入強要
⑥反社会的な言説
⑦公序に対する脅威
⑧訴訟を多く抱えている
⑨通常の経済流通経路からの逸脱
⑩公権力への浸透の企て

また、報告書は一七三の団体をセクトと見なして具体名を信者数別にリスト化している。リストには、幸福の科学、フランス神慈秀明会、霊友会、崇教真光、創価学会インターナショナルなど、日本に出自を持つ団体も含まれていた。統一教会もリストに入っている。

セクトの定義は不可能としつつ、一七三団体をセクト認定しリスト化したギュイヤール報告書は、物議を醸した。委員会は二〇回の公聴会を設けたが、執筆された報告書はおもに被害者の証言や反セクト団体による分析に依拠しており、セクトとしてリストアップされている団体の見解や、新宗教やセクトの研究者の知見は取り入れられていない。セクト現象を理解するためというよりも、治安維持の観点から書かれており、リストはメディアで繰り返し取りあげられて人びとの警戒感を掻き立てた。

ギュイヤール報告書はいかなるライシテの精神を体現するものなのだろうか。一九〇五年の政教分離法の特徴が、良心の自由と礼拝の自由を保障する(第一条)ために政治は宗教に介入しない(第二条)という点にあるとするならば、この報告書はそのような自由主義的な「分離のライシテ」の観点に立つものとは言いがたい。

報告書はセクトをリスト化しているが、本来であれば政府は国家の宗教的中立性というライシテの原則ゆえに、伝統宗教とセクトを区別することはできないのである。報告書が一九〇五年法に言及するのは、暴力や脅迫によって個人の身体や家族や財産に危害を加えたり、礼拝や団体加入を強要したりすることについての罰則規定を定めた第三一条である[Chantin, 2007]。宗教の良し悪しを区別し、取り締まりを強化する姿勢は、自由を保障する分離のライシテの論理よりも、一九〇五年以前の政教関係を規定していたコンコルダートの論理を思わせる(コンコルダート体制においては、カトリック、プロテスタント、ユダヤ教は「公認宗教」とされると同時に国家にとって有益であることが期待されていた。一方、その他の宗教は国家からのお墨付きを得ていなかった)。換言すれば、歴史のなかに埋もれていた「承認」と「管理」のコンコルダートの論理が、セクト問題を前にして再浮上し、ライシテの性格に変化をもたらすことになった。

セクトのリスト化には別の問題もある。それは、リストにある団体は危険だが、ない団体は安全というメッセージを暗に発する効果を持ちかねないことである。実を言うと、一二月二二日にギュイヤール報告書が提出された翌日に、アルプスの山村ヴェルコールで太陽寺院の集団自殺事件が起き、一六人の焼死体が発見された。しかるに、ギュイヤール報告書がリスト化した一七三団体に太陽寺院は含まれていなかったのである。

いずれにせよ、ギュイヤール報告書と太陽寺院の事件は、フランス政府および社会の対セクト闘争の熱を高めた。セクトに対する予防措置として、報告書は首相直属の監視部署を設けるよう提言していた。これを受けて一九九六年五月、右派共和国連合(RPR)のアラン・ジュペ首相のもとで「各省合同セクト監視機構」が設けられた。民間の反セクト団体UNADFIも公益団体として認められ、政府からの補助金を受けるようになった。一九九八年一〇月、今度は左派社会党(PS)のジョスパン内閣が「各省合同セクト闘争本部」(MILS(ミルス))を設置し、アラン・ヴィヴィアンが本部長に就任した。

ギュイヤール報告書は、既存の法律の適用強化を提言していたが、セクトに特化した新法の制定は求めていなかった。MILS本部長となったヴィヴィアンも、当初は自分の意図は既存の法律の断固とした適用であって、新法の策定ではないと述べていたが、MILSは次第に新しい法的措置の検討もはじめるようになる。一九九九年以降のヴィヴィアンには、反セクト闘争はライシテと民主主義を守る闘いであるという発言が見られるようになる。

MILSは、一九九九年から二〇〇一年までの年次報告書で、セクトとは「宗教的目的を表明しているか否かにかかわらず、全体主義的な構造を持ち、その行動が人権を侵害し社会の均衡を損なう団体またはアソシエーション」と定義している。これはセクトを宗教から区別する試みと言える。両者を区別することによって、良心の自由および礼拝の自由を保障するライシテの枠組みにおいて、セクトを規制する法律への道が開かれたと言うことができる。

一九八三年のヴィヴィアン報告書でも、一九九五年のギュイヤール報告書でも、セクトの定義はなされていないことに注意したい。セクトを宗教とは別のものと定義することにより、良心の自由と礼拝の自由を保障するライシテとセクト規制を両立させることが可能になったのである[井田、二〇〇二、二〇五―二〇八頁]。

反セクト法の制定——反セクトキャンペーンの成果か限界か

通称「反セクト法」こと二〇〇一年六月一二日法の正式名称は「人権および基本的自由を侵害するセクト的運動団体の予防および抑制を強化する法律」である（強調筆者）。一九九八年一一月に元老院（上院に相当）に最初の法案を提出した中道右派のフランス民主連合（UDF）のニコラ・アブーと、左派社会党（PS）で国民議会での報告者カトリーヌ・ピカールの名を取って、アブー・ピカール法とも呼ばれる。

審議経緯の詳細や法律全体の詳しい内容紹介にはここでは立ち入らないが［小泉、二〇〇五、六八–七六頁、中島、二〇〇二・二〇〇四などを参照］、当初は問題のセクトを簡単な行政手続きで解散できるようにする案だったのが、司法手続きでの解散に修正されたことを指摘しておく。また、審議の過程で「精神操作罪」（いわゆるマインド・コントロール罪）の新設が提案されたが、ヨーロッパ人権条約（一九五三年発効）に違反しないかとの懸念が寄せられるとともに、国内の伝統宗教の代表者たちが反対の意を表明したことを受け、既存の刑事法の枠組みにおける「無知脆弱状態不法利用罪」に改められたことに言及しておく。

六章二四条からなるこの法律は、第一条で法人の解散規定を定めている。「当該法人の法的形態や目的がいかなるものであれ、その活動への参加者の心理的または身体的な服従状態を作り出し、維持し、利用する目的または効果を持つものはすべて、その法人に対して、あるいは法律上ないし事実上の幹部に対して、以下に述べる犯罪のいずれかについて刑事上の有罪が確定した場合には、本条の定める手続きにしたがって解散が宣告されうる」。当該法人が、殺人、暴行、窃盗、詐欺、横領、虚偽広告などを行ない、個人の生命や心身の統合を損ねたり、自由や尊厳を毀損したり、未成年者を危険な状態に置くなどして、裁判で有罪が確定したときには法人の解散がなされうるということである。

無知脆弱状態不法利用罪は第二〇条に規定されている。これは、未成年者や、年齢、病気、身体障碍、心身の失調、妊娠状態のために著しく脆弱な状態にある者の無知や脆弱な状態を不法に利用する行為を禁固刑および罰金刑に処すものである。定義や内容の曖昧なマインド・コントロール自体を犯罪化するのではなく、相手の無知や脆弱な状態につけ込んで実際に損害を与えたと判定される行為を犯罪とするものである。

法人の解散規定を定め、無知脆弱状態不法利用罪を設けたほか、この法律は犯罪を犯した法人の刑事罰を強化する、違法団体の広告活動を制限する、被害者を支援する市民団体に原告となる権利を与えるなどの規定も含んでいる。

ところで、この法律には奇妙なところがある。一方では、この法律はフランス社会および政府の反セクトキャンペーンの成果にほかならない。法案から可決までのプロセスを導くことができたのは、先述のようにセクトと宗教を区別する論理の析出に負う部分が大きい。だが他方では、この法律は反セクト法と通称されるにもかかわらず、条文中でセクトが定義されるどころか、そもそも「セクト」という語が一度も用いられておらず、「宗教」の語も「ライシテ」の語も登場しないのである。代わりに「セクト的運動団体」(mouvements sectaires)という形での形容詞が、第四章および法律自体の標題として二度使用されているにとどまる。

ニコラ・アブーが最初に元老院に提出した法案も、「セクト的性格を持つアソシエーションまたは集団」を対象とするもので、「危険なセクト」に警鐘を鳴らしつつも、セクトそのものを定義する条文はなかった。法案審議の過程では「セクト」の語の導入も検討されたが、結局「セクト的運動団体」という表現に落ち着いた[Rolland, 2003, p. 152]。これには、反セクト法の制定に対して、「セクト」と名指される可能性のある団体のみならず伝統宗教や人権連盟からの反対があったこと、さらには国際的な批判も寄せられていたことが影響していると考えられる。

実際、セクトの内容を実体的に規定することは、一九〇一年法に定められた結社の自由、また一九〇五年法に定められた良心の自由および礼拝の自由に抵触する可能性がある。他方、二〇〇一年法が「セクト的運動団体」と呼ぶものが、同法第一条の解散規定の対象となる法人、すなわちその「法的形態や目的がいかなるものであれ、その活動への参加者の心理的または身体的な服従状態を作り出し、維持し、利用する目的または効果を持つ」法人に相当することも明らかである。そのような団体を特定するのに、ギュイヤール報告書の一〇の基準が用いられるべきことも法案審議の過程で議論されている[中島、二〇〇二、九五七頁]。

いずれにせよ、二〇〇一年の反セクト法は、宗教から区別されるセクトをライシテの名において規制する法律として構想された面があったにもかかわらず、実際に制定された法律はライシテの名前を冠していないこと、解散規定の対象となる「セクト的運動団体」に相当する法人は宗教団体にかぎらないことを確認しておきたい。また、同法が適用されるのは、当該法人の思想や教義ではなく、あくまで犯した行為であることも指摘しておきたい。

鳴り物入りで制定された反セクト法だが、法律の適用対象と範囲に曖昧さが残ることも事実で、採択当初は拡大解釈によって基本的自由が侵害されるおそれがあるとも、そのリスク回避のために法律自体が死文化しかねないとも指摘されていた[Rolland, 2003, p. 165]。実のところ、法律制定から二〇年以上が経っても、第一条の解散規定はまだ適用されたことがないが、法人による違法活動に対する一定の歯止めになっているとも考えられる。一方、第二〇条の無知脆弱状態不法利用罪には二〇〇四年のネオ＝ファール事件をはじめ適用例があり、セクト的逸脱をめぐる訴訟はしばしば起こされている。

MILSからMIVILUDESへ

反セクト法は、フランス社会および政府による反セクト闘争の絶頂期に制定されたが、その勢いはほどなくして沈静化に向かう。まず、国民議会における反セクト法の報告者であったカトリーヌ・ピカールが、二〇〇二年六月の国民議会選挙で落選した。次に、首相も左派のジョスパンから右派の国民運動連合（UMP）のラファランに変わったところで、社会党の元代議士でMILSの本部長を務めていたヴィヴィアンが辞表を提出した。このように、反セクト運動を盛り立ててきた主要人物が表舞台から去ることになった。

それに加えて、MILSの戦闘的姿勢はスイスやベルギーやドイツなどの隣国、そしてとりわけアメリカから批判されていた。二〇〇二年一一月にラファラン内閣はMILSを廃止し、代わりに「各省合同セクト的逸脱警戒闘争対策本部」（MIVILUDES（ミヴィリュード））を設置した。これはフランスのセクト対策におけるひとつの転機を画すことになった。首相直属のこの部署の初代本部長となった内務省高官のジャン＝ルイ・ラングレは寛容の精神を説き、原則として攻撃的な態度は取らないと表明した。反セクト団体からは距離を設け、セクト現象を分析する研究者のほうに近づいた。

組織名称の変化にも表われているが、MILSは「セクト」というあたかも実体があるかのような対象と闘う姿勢を明らかにしていたのに対し、MIVILUDESが監視と闘争の対象にしているのは「セクト的逸脱」という行為である。基本的人権と法的秩序を脅かす行為に目を光らせながら、被害者の保護に力を入れている。セクト的逸脱をする可能性があるとされる団体は、宗教団体にかぎらない。

二〇〇五年五月に出された首相通達は、成員を隷属化する団体の行為に対する闘いと、公共の自由およびライシテの原則とを両立させるには、特定の集団を「セクト」としてリスト化するよりも、成員個人に危険な力をふるっていると思われる団体すべてを注意監視の対象にするほうがよいとしている。団体のリスト化は避け、「基準の束」を用いてセクト的逸脱を判定すべきとしている。

実際、セクト団体のリスト化は礼拝の自由を保障するライシテの原則に背きかねず、多方向に素早く変化するセクト現象を把握するのにも適していない。また、リストにない団体は安全というメッセージも逆に発しかねず、現在は少なくとも表向きはセクト団体のリストは存在しない。一九九五年のギュイヤール報告書において示された一七三団体のリストは、歴史資料として扱ってもらいたいというのがＭＩＶＩＬＵＤＥＳの立場である。

もっとも、ＭＩＶＩＬＵＤＥＳの方針も、誰が代表者であるかに応じて一定の振幅を見せてきた。ラングレ（在任二〇〇二～二〇〇五年）のあと本部長となったジャン＝ミシェル・ルレ（在任二〇〇五～二〇〇八年）は、「ＭＩＶＩＬＵＤＥＳは研究所ではない」と発言し、セクト的逸脱行為の取り締まりに力を入れようとした。ルレの後任のジョルジュ・フェネック（在任二〇〇八～二〇一二年）も、リストの有用性を唱え、厳しい対セクト闘争の姿勢を示した。ＭＩＬＳの時代の感覚に再び近づいた面もあると言えよう。二〇一二年から二〇一八年までは社会党のセルジュ・ブリスコが本部長を務めた。

記号と行為――セクトからイスラームのヴェールへ？

反セクト法制定以後、対セクト闘争が下火になったのは、フランス社会および政府の主要な関心対象が、セクトからイスラームに切り替わったことも大きい。二〇〇一年六月一二日に反セクト法が制定されてから三カ月後の九月一一日にアメリカで同時多発テロ事件が起こった。イスラームのヴェール着用をめぐる論争は一九八九年以来断続的に続いていたが、二〇〇四年には公立校でのヴェールの着用を禁じる法律がライシテの名を冠する形で制定された。セクト論争とヴェール論争を相関的にとらえることで見えてくるライシテの姿があることに注目したい[田中、二〇一六]。

セクト論争とヴェール論争を通して見えてくるのは、良心の自由と礼拝の自由を保障するために政治は宗教に介入しないという自由主義的な分離のライシテが後退し、治安維持の観点から監視や管理を強化し共和国のアイデンティティを担保するライシテの類型が、とりわけ一九九〇年代以降前景化してくることである。

セクト論争とヴェール論争はほぼ同時期に起こっている。セクト論争について言えば、一九八三年のヴィヴィアン報告書はその時点ではさほど大きな反響を呼ばなかったが、一九九五年のギュイヤール報告書は二〇〇一年の反セクト法に至る流れを作り出した。ヴェール論争は、一九八九年秋の新学期に、公立の中学校に通う三人のムスリムの女子生徒がスカーフを被って登校したところ、校長から外すよう求められたことが発端となり、事件は大々的に報じられた。ライシテを掲げる共和国の学校においてイスラームのヴェールは認められないという議論と、ライシテは良心の自由と礼拝の自由を保障するものであり、ムスリム女性の教育を受ける権利はヴェールを着用していても守られるべきであるという議論とに、世論は二分された。

一九八九年の時点では、国務院（コンセイユ・デタ）（行政最高裁判所であると同時に法に関する問題について政府から求められた場合には意見を述べる）はヴェールの着用自体はライシテの原則と両立不可能ではないとの見解を出した。ただし、宗教的信仰を表現する自由が、「これ見よがし」（ostentatoire）で権利要求的な性格を持ち、他の生徒の自由や尊厳を侵害するような強制勧誘活動をともなう抑圧的な行為であってはならないとされた。

その後、一九九四年に中道右派の教育大臣が通達を出して、「慎ましやかな標章」の着用は容認されるが、それ自身において強制勧誘活動や差別の要素となる「これ見よがしな標章」（signes ostentatoires）は禁止という校則を設けることを提案した。

二〇〇四年の通称ヴェール禁止法は、公立校で生徒が宗教的所属を「これ見よがしに」（ostensiblement）表明する標章や格好を禁じる法律である。それまではケースバイケースで判断されていた公立校でのヴェール着用は、この法律によって一律禁止となった。キリスト教の大きな十字架やユダヤ教の帽子キッパも「これ見よがしな宗教的標章」（signes religieux ostensibles）として着用禁止となったが、おもな標的がイスラームのヴェールだったことは否定すべくもない。

一九八九年の国務院見解と一九九四年の教育大臣通達では《ostentatoire》だった語が、二〇〇四年の法律では《ostensible》になっていることに注意したい。日本語では、どちらも「これ見よがしな」と訳すことができる形容詞だが、前者はおもに行為を指して言われるのに対し、後者は物そのものを形容するニュアンスの違いがある。ヴェールは、もはやそれを着用する人物がいかに振る舞うかの問題ではなく、それ自体が規制の対象となる「標章＝記号」(signe)となってしまったのである。

このことは、あたかも実体があるかのように語られてきた記号としての「セクト」から「セクト的逸脱」という行為へと規制の対象が変わったセクト論争とは対照的である。ヴェール論争においては、規制の対象がヴェールを着用してどう振る舞うかという「行為」から、ヴェールという「記号」に移ってしまったのである。

ヴェールの規制はその後も続く。二〇一〇年には公道など公共空間全般でブルカやニカブなど顔の見えないヴェールの着用が禁止された。二〇〇四年のヴェール禁止法は、適用される場所が公立校であること、またヴェール着用を「強要」されている未成年を保護するという大義名分を調達できたことから、法律はライシテの名を冠している。一方、成人が自分の意志でブルカやニカブを被ることは、ライシテの名において禁じることはできないので、二〇一〇年の法律は公序の名においてブルカの着用を禁じている。このように、ブルカ禁止法はライシテの法律ではないのだが、人びとの通念や言説においては、ヴェールはライシテゆえに規制されているとされることが珍しくない。

記号化されたヴェールの表象は、「イスラーム原理主義」や「過激なイスラーム主義」に対する人びとの恐怖と結びついている。セクト論争においては、「セクト」と「宗教」の区別が――その不可能性にもかかわらず――試みられた。ヴェール論争の背後にも、「穏健なイスラーム」と「過激なイスラーム」を区別したいという欲望がある。公序が強調されるのはテロの脅威があるからで、二〇一〇年代に入ってそれは現実のものとなった。だが、脅威の現実化は政府のそれまでの政策や人びとの想像力と無縁とは言い切れないだろう。

政治に浸透する宗教の不在?

セクトにせよ過激なイスラーム主義にせよ、これらを「公共空間を脅かす宗教集団」と見なすならば、フランス政府や社会はそれと闘う姿勢を見せてきた。過剰なくらいに、と付け加えてもよいかもしれない。闘うライシテの姿自体が一種の宗教性を帯びる場合もあることはひとまず措くとして、厳格な政教分離の国であると自他ともに認めるフランスでは、政治と宗教は截然と分かたれて宗教が政治に浸透する余地はないと考えてよいのだろうか。

一九七〇年代から八〇年代にかけて、統一教会が反共を掲げて中道や右派、その後極右に浸透しようとしたことはすでに触れた。九〇年代以降、当局が警戒を強めるようになると、統一教会はフランスでは衰退していく。MIVILUDESの担当者によれば、文鮮明が死去した二〇一二年時点での国内の信者数は二〇〇〜三〇〇名と小規模で、直近では統一教会の直接の被害者からの訴えはなかったという。他方でMIVILUDESは、統一教会が国際的なネットワークと巨大な経済力を持つ団体として特に日米韓で勢力を保ち、「平和」や「家庭」を前面に打ち出す裏で詐欺行為をはたらいていることを認識しており、統一教会および関連団体に引き続き注意を払っている(週刊経済誌『シャランジュ』二〇一二年九月三日付の記事)。

フランスではカトリックが選挙の際に右派に投票する傾向が強いことはよく知られている。カトリック教徒もフランス市民として投票するわけなので、このこと自体を宗教が政治に浸透している事例であるかのように語るのは不適切だろう。しかし、二〇一〇年代以降のカトリックの保守派の一部に、宗教というよりはライシテを前面に出しつつ、半ば公然と右派さらには極右を支持する政治志向を持つ団体があることは指摘しておくに値する。

フランスでは二〇一三年に左派オランド政権のもとで「みんなのための結婚」と呼ばれる同性婚が法制化されたが、このときにカトリックが「みんなのためのデモ」と称する大規模な反対運動を展開した。この反対運動のなかから生まれた「サンス・コマン」は右派の政治団体で、表向きは宗教を標榜していないが(「サンス・コマン」は「共通感覚」や「常識」を意味する言葉で宗教色を感じさせるものではない)、実際にはカトリック右派がメンバーの多くを占め、伝統的家族観の防衛という関心を共有している。二〇一七年の大統領選挙のときには考えの一致する共和党のフランソワ・フィヨンを応援して、フィヨンは右派の予備選挙を制した。その後フィヨンは、勤務実態のない妻に多額の給与を与えていたことが明るみに出て失速したが、一時は次期大統領の座に最も近いと言える位置につけていた[伊達、二〇一八、八頁・六一－六三頁]。「サンス・コマン」は二〇二〇年に「保守運動」と名称を変更し、二〇二二年の大統領選では極右のエリック・ゼムール候補を支持した。共和主義の名のもとにイスラーム系移民を標的にするナショナリズムを唱えるゼムール自身はユダヤ系だが、その主張はカトリック保守派の一部と波長が合うことを示唆している。

「サンス・コマン」あるいは「保守運動」は、表向きはライシテに適合して宗教色を出していないが、伝統的なカトリックと共鳴する価値観を持っている。政治を大きく動かす力を持っていると言えば過大評価になるかもしれないが、保守的な「カト＝ライック」(カトリックとライシテの形容詞ライックを合わせた造語)の潮流を代表する団体として、一定の世論形成力や選挙での幾許かの影響力を持っていることは見逃すべきではないだろう。

治安上の危機と健康上の危機

MIVILUDESは二〇〇二年以来、首相直属の各省合同対策本部として、民間の反セクト団体とも連携しながら、セクト的逸脱の調査報告、予防や被害者支援に当たってきた。しかし、二〇一五年にパリで過激なイスラーム主義者によるテロ事件が二度起きると、テロとの闘いおよびジハード主義的な過激化の予防と対策が喫緊の課題となり、セクト問題は後景に霞むことになった。

MIVILUDES本部長のセルジュ・ブリスコが二〇一八年に引退すると、新しい本部長が任命されないままの状態が続いた。セクト問題が消滅したわけではなく、被害報告件数はむしろ増えていたのだが、政府にとっての重要性は相対的に低下し、MIVILUDESの人員も削減された。

フランス会計院はMIVILUDESを内務省に移管するのが効果的と指摘した。治安問題を担当するこの省には二〇〇六年に設立された「各省合同非行・過激化予防委員会」(CIPDR(セイペデエール))があり、二〇一五年以降は特にジハード主義との闘いや過激化対策に力を入れていた。MIVILUDES側には内務省への移管は統廃合を意味するとの反対意見もあったが、政府は二〇二〇年七月にこの部署を内務省に移してCIPDRとの連携をはかることにした。

フランスのセクト対策とイスラーム過激派対策にはもともと戦闘的な姿勢で監視と管理に臨むという類似性が見られたが、名実ともに両者の合流が果たされたとも言えよう。なお、反セクト法に規定された法人の解散は適用されたことがないと述べたが、二〇二〇年秋にイスラームのジハード主義者による教員斬首事件が起きた際には、内務大臣は教員の授業を批判する動画を拡散したモスクを閉鎖し、サラフィー主義の団体を解散させた。

テロの脅威という治安上の危機に、コロナ禍という衛生上の危機が重なり、科学的根拠のない健康法を説くなど新しいタイプのセクト的逸脱も見られるようになった。内務大臣付市民権担当大臣のマルレーヌ・シアッパは改めてセクト対策の梃入れをはかり、二〇二一年四月にはアネーヌ・ロンダーヌがおよそ二年半にわたって空席だったMIVILUDES本部長の座に就いた。テロ対策の重点化によって存続の危機に立たされたMIVILUDESは、新型コロナウイルスに付随して登場してきたいわば新型セクト現象によって息を吹き返した観がある。

二〇二一年に出たMIVILUDESおよびCIPDRの年次報告書によれば、二〇一五年から二〇二〇年までのあいだでセクト被害の報告件数は四〇%増加し、なかでも健康法に関する被害の割合が高く四割程度を占める。一九七〇年代以来のセクト現象には、一般社会の通念とは異なる価値観を共有する者たちが強力な指導者のもとで社会から隔離された場所での共同体生活を営む傾向が強く、団体の規模も比較的大きかった。これに対し、コロナ禍とともに台頭してきた新たなセクト的逸脱は、隔離生活を余儀なくされた個々人の健康不安につけ込んで、インターネットやSNSなどを通して、ヴァーチャルな空間で起きていることが多い。

たとえば「神の王国ユニバーサルキリスト教会」の説教師は、神を信じていればコロナにかかることはないから感染対策にしたがう必要はないと信者に呼びかけた。YouTubeで多くの視聴者を持つ自然療法師ティエリ・カサノヴァスは、冷たい風呂に入り、生野菜を食べていればコロナにかからないと吹聴して、警察による家宅捜索を受けた。コロナ対策は独裁政権樹立のための口実で、ワクチンを接種するとマイクロチップを埋め込まれるといった陰謀論も見られる。アメリカからフランスに進出してきたQアノンも、MIVILUDESへの通報のなかに含まれている。

マルレーヌ・シアッパはMIVILUDESを刷新する際に、人びとを心理的・精神的に従属させて金銭を巻き上げるセクト的団体は五〇〇を数えると発言したが、反セクト団体によればその数は氷山の一角で実際にはもっと多いという。セクト的と見なされうる個々の団体の規模は縮小傾向にあるとしても、逸脱の様子は千変万化のようである。

フランスのセクト規制の思想的背景として重要なのは、個人の自由と権利を集団の抑圧から守るという発想である。これはセクトと見なされる団体に対して国家が介入することを厭わない戦闘的なライシテのあり方に通ずるもので、たとえば信教の自由が深く根づいたアメリカのような社会から見ると、行き過ぎとも映りかねない。

一方、ライシテは宗教的中立性の観点から良心の自由と礼拝の自由を保障するものでもあるので、その観点から「セクト」を定義することは難しい。反セクト法制定後のフランスは、治安と人権の観点から「セクト的逸脱」という行為を取り締まる態度を示してきた。それはイスラームのヴェールが記号化されたのと対照的だが、危険視される集団には監視と管理を強めるというライシテの類型は、セクト対策にもイスラーム過激派対策にも共通して見られるものである。

フランスのアイデンティティと結びついて宗教的マイノリティに対してしばしば抑圧的にはたらく近年のライシテには、問題点があることは事実である。フランスの反セクト法にも、運用上の問題点はあるようだが、それでもセクト的逸脱を予防し抑制する装置として象徴的な機能を果たしてきた点は評価に値しよう。とりわけ、弱い状態にある個人を団体が搾取し抑圧することは許さないという理念は、他の社会にとっても参考になるだろう。

参考文献

井田洋子「フランスにおけるセクト対策の変遷とライシテのゆくえ――セクト規制特別法の制定をうけて」『法と政治』第五三巻一号、二〇〇二年、一〇一―二五頁。

小泉洋一『政教分離の法――フランスにおけるライシテと法律・憲法・条約』法律文化社、二〇〇五年。

伊達聖伸『ライシテから読む現代フランス――政治と宗教のいま』岩波新書、二〇一八年。

田中浩喜『現代フランスのライシテ研究――セクト論争とヴェール論争の分析から』東京大学大学院人文社会系研究科修士論文、二〇一六年。

中島宏「フランス公法と反セクト法」『一橋法学』第一巻第三号、二〇〇二年、九〇九―九七四頁。

――「フランスのセクト規制法――敵対か？　受容か？」『宗教法』第二三号、二〇〇四年、三一―五二頁。

ナタリ・リュカ『セクトの宗教社会学』伊達聖伸訳、白水社文庫クセジュ、二〇一四年。

J-P. Chantin, 2007, « Les sectes en France. Quel questionnement sur la laïcité? », in Patrick Weil dir., *Politiques de la laïcité au XXe siècle*, PUF, pp. 553-567.

E. Ollion, 2017, *Raison d'État: histoire de la lutte contre les sectes en France*, La Découverte.

P. Rolland, 2001, « Le phénomène sectaire au regard de la laïcité à la française », in Jean Baudouin et Philippe Portier dir., *La laïcité: Une valeur d'aujourd' hui? Contestations et renégociations du modèle français*, Presses universitaires de Rennes, pp. 331-334.

——, 2003, « La loi du 12 juin 2001 contre les mouvements sectaires portant atteinte aux droits de l'homme: anatomie d'un débat législatif », *Archives des sciences sociales des religions*, 121, pp. 143-166.

第5章 アメリカ――政教分離国家と宗教的市民

佐藤清子

序――政教分離国家、宗教的市民、多様性

アメリカ合衆国(以下、アメリカと略記)は国家制度上政教分離を果たしている。その一方、現在も市民の七五%ほどが何らかの宗教的所属意識をもち、七割ほどはキリスト教徒だ。この数字は無宗教者のアメリカ人が二〇〇〇年代以降顕著に増加した末のもので、ひと世代前であればキリスト教徒の割合はもっと高かった[Pew Research Center, Religious Landscape Study]。

アメリカを考えるうえでもう一つ重要なのが宗教的多様性だ。アメリカは確かに、歴史的にも現在もキリスト教徒が多数派だが、宗教的アイデンティティは市民を一つにする以上に、多様な人々の共生という難問を生んできた。例えば一七世紀、後にアメリカの母体となる英領北

米植民地に入植したのは、ほとんどがプロテスタントだったが、彼らにとっては英国教会の信徒なのか、ピューリタンなど国教会を離れたプロテスタントなのか、といった、プロテスタント内の違いが既に大問題だった。独立時に意識されたのも、アメリカ人の宗教的同質性以上に多様性であり、これが一つの背景となって、アメリカは政教分離国家として出発した。

政教分離の国家枠組みのもと、その中に暮らす人々の多くが宗教を重視し、しかも単一の宗教的アイデンティティの下にまとまりきれない多様性をもつ。以下ではこうした条件下で展開してきたアメリカの政治と宗教のかかわりを、①国家制度と宗教の関係、②政治家と宗教の関係、③宗教的理念を背景にした市民の運動という三つのトピックに分けてより詳しく見ていくこととする。

一　アメリカの政教分離の基本

憲法修正第一条の制定と政教分離

アメリカ合衆国の政教関係を規定するのは憲法修正第一条である。アメリカは一七七六年、英領一三植民地の人々が本国に対し独立を宣言したことを国家の起源とし、一七八九年に憲法を制定したが、早くも一七九一年に憲法を「修正」して一〇の追加条項を加えた。市民の権利を政府から保護することを主眼とした、アメリカ権利章典と呼ばれるものだ。その第一条に、連邦議会が国教を定める法律を作ってはならないこと（国教会条項）、宗教の自由な活動を禁じる法律を作ってはならないこと（自由活動条項）が記され、アメリカは政教分離を果たしたと理解される。加えて、憲法中の宗教関連条項として第六条第三項があり、公職に就く者に宗教審査を課すことが禁止されている。

ここで政教分離という言葉について確認したい。英語では separation of church and state となり、分離されるのは国家（state）と教会・宗教団体（church）だ。日本語の「政教」の語は「政治と宗教」を思わせるが、それよりも意味は狭いといえる。本章では church and state の意味で「政教」を用いるものとする。一八世紀末のヨーロッパでは、国家が国教会を定めて教会税を徴収したり、特定の礼拝の強制や禁止をしたりすることも珍しくなかった。アメリカ憲法上、政教分離の語それ自体は実は登場しないのだが、憲法修正第一条が行ったのは、こうしたヨーロッパ的政教関係を否定し、国家と宗教団体を分離することだった。

その一方、独立時以降二〇世紀半ばごろまでのアメリカには、政教を近づける諸要因が存在した。第一に、アメリカ市民は宗教者、とくにプロテスタントのキリスト教徒であることが半ば自明視され、国家や市民社会を支える風紀や道徳は、キリスト教と不可分と捉えられた。第二に、アメリカ独特の連邦制のもと、各州が強い自治権（州権）をもち、当初、憲法修正第一条は各州独自の立法を規制しないと理解された。すなわち、連邦政府がアメリカ全体の国教会を作ることはできなくとも、各州が独自の州教会を作ることは許容されていたのだ。

この結果として、多数派宗教であるキリスト教、中でもプロテスタンティズムの影響が、政府機関を通じて発揮される場面もみられた。各州の州教会制度は個別に廃止されていったが、一八三三年までかかった。日曜日を神に捧げる日として神聖に保つための安息日法や、神を冒瀆することを違法化する法律も珍しくなかった。公立学校では真理の書物として英訳の聖書が読まれ、教師の先導による集団礼拝が行われた。

二〇世紀半ばの厳格分離

アメリカの政教分離は二〇世紀半ばに厳格化されたが、変化のひとつの起源は約一世紀遡った南北戦争にある。南部の奴隷制を廃止したアメリカ政府は、戦後その復活を禁じるべく、憲法修正を行い、一八六八年の修正第一四条では、連邦政府が保障する権利を各州が制限できないことを明文化した。その効果は裁判が起こり判決に反映されるまでは発揮されないが、二〇世紀半ばに至って、連邦最高裁判所は修正第一条と修正第一四条の両方を根拠に、宗教関連の州法への違憲判決を出すようになった。公立学校はとくに大きな影響をうけ、聖書を真理と前提した宗教教育や、集団での神への祈りが憲法違反として禁止された。政府機関を通じたプロテスタンティズムの影響が抑制され、政教分離がより徹底されたといえる。

とはいえ、二〇世紀半ばには政教をむしろ近づけるかのような変化もみられた。東西冷戦を背景に、共産主義は反宗教的イデオロギーとして理解され、対するアメリカを宗教的国家として規定しようとするナショナリズムが強まった。公立学校はじめ様々な場で唱えられる、国家忠誠の誓いの文言、「一つの国家」の前に、「神の下の」の句が挿入され（一九五四年）、「神を信ず」が公式の国家のモットーとされた（一九五六年）。

これらが許容されたのは、「神」の語が多数派宗教固有の概念をこえた広がりをもち、ほぼすべてのアメリカ人を包摂できると捉えられたためだ。プロテスタントだけがアメリカ人かのような理解は、移民による宗教的多様性の増大により、二〇世紀半ばには弱まっていたが、その他の宗教として想定されていたのはカトリックとユダヤ教だった。大半のアメリカ人が信じる神の概念のもと、特定宗教に依らないかたちでアメリカ国家をまとめ上げる「市民宗教」が存在するとの議論が、社会学者ロバート・ベラーにより提示された［ベラー、一九七三（原著は一九六七年刊行)」。

いずれにせよ、全般的にみて、政教分離の厳格化は、宗教的多様性のさらなる増大を肯定し、支える役割を果たしてきた。だが同時に、アメリカはもっとはっきりとした「キリスト教国」たるべきとの意見も、後述する福音派らを中心に根強く支持されている。彼らの間では政教厳格分離やキリスト教の公的意義低下は否定的に受け止められており、それを覆すための運動が継続している[佐藤、二〇一七・二〇二二、Smith, Rotolo, and Tevington, 2022]。

アメリカの対カルト法制

以上のような政教関係を基本とするアメリカにおいて、カルト(ここでは社会的に問題を起こすとみなされた宗教団体を意味するものとする)への対応はどのように制度化されているのだろうか。前提として確認しておきたいのは、アメリカでもカルト問題自体は多数存在するということだ。

二〇世紀後半、対抗文化運動が広まる中、西洋の伝統宗教であるキリスト教を否定し、新たな宗教やスピリチュアリティを求める人々がうまれた。様々な新宗教団体が誕生し、その一部はカルトとして問題視されるようになった。

衝撃的な事件も起こった。一九七八年、アメリカからガイアナに拠点を移していた人民寺院は、視察に訪れた連邦議員を殺害した末、九〇〇人以上の信者（子供を含む）に集団自殺をさせた。一九九三年、教団本部に多量の武器を蓄えていたブランチ・ダビディアンと、FBIが武力衝突に至り、火災に巻き込まれた信者ら八〇人ほどが死亡した。これほど衝撃的ではなくとも、宗教団体による搾取や暴力が問題として取り上げられるケースは現在に至るまで後を絶たない。

それにもかかわらず、アメリカでは宗教団体を「カルト」と認定し、その取り締まりを行う法律は存在しない。反カルト法制の試みはあったが、それらは失敗に終わってきた。憲法修正第一条が宗教の自由な活動をはっきりと保障しており、政府機関による介入はその団体が法を犯す一線を越えない限り控えられるためだ。

宗教界全体が政府による宗教の自由侵害に敏感なことも、強硬なカルト取り締まりが避けられる一因だろう。統一教会は一九七〇年代半ばのアメリカで、広くカルトと認識されていた。それにもかかわらず、文鮮明を脱税容疑で逮捕して教団取り締まりを進めようとした当局の動きには、宗教界が団結して反対した。メディアや民間団体の反カルト運動は継続的に行われているが、カルト問題が深刻だった一九七〇年代には、家族らの要請で本人の同意がないまま、誘拐や監禁を通じて「洗脳解除（デプログラミング）」を図るといった強引な手段がとられたことが、逆に問題となった［中野、二〇〇二、Lewis, 2014］。

とはいえ、これまでアメリカで政府によるカルト取り締まりのようなものがなかったわけではない。アメリカ生まれのキリスト教の一派、モルモン教会（末日聖徒イエス・キリスト教会）は、現代では一夫一婦婚の重要性を説いているが、一九世紀には創始者ジョセフ・スミスの預言に基づき、一夫多妻婚を神聖視していた。アメリカ政府はこれを問題視し、重婚禁止法の強化を通じてモルモン教会解散を迫った。耐えかねたモルモン教会は一八九〇年に一夫多妻婚を停止した。

一九世紀という時代には、圧倒的多数派としてのプロテスタントの影響が強力だった。プロテスタントはモルモン教徒の一夫多妻婚を、風紀を乱す問題と捉えており、重婚の違法化に反対は起こらなかった。モルモン教会側が裁判をおこし、憲法修正第一条のもとの宗教の自由として一夫多妻婚を認めるよう主張した際も、裁判所は「良好な秩序」を守ることを理由に宗教的行為を取り締まることができるとし、主張を受け入れなかった。政府による実質的カルト取り締まりは、強力な多数派のもと、法的なカルト認定なしに行われたのだ。二〇世紀半ば以降の政教厳格分離は、そうした政府の力を抑制することで、宗教の自由を守る方向に働いてきたといえる。

宗教二世の問題

現在の日本ではいわゆる宗教二世問題への関心が高まり、親の宗教を強制された子供たちが「宗教の自由がない」苦しみを語る姿に共感が集まる。宗教二世問題当事者の苦難が深刻なことは間違いないものの、ここで指摘したいのは、アメリカの文脈での宗教の自由が、日本の宗教二世問題で言及される意味での宗教の自由とは、真逆のものを守っていることだ。アメリカの憲法、とくに権利章典は、政府のもつ強大な権力から私人の権利と自由を保護することを意図して制定されている。ここからは、憲法が保障する宗教の自由には、自分の信念のもと政府の介入を受けることなく子を養い教育を施す、親の自由が含まれる、との理解が引き出される。

子供の教育に関する親の宗教の自由は裁判でも認められ、重要判例として影響を持ち続けている。一八世紀にドイツやスイスから移住したプロテスタントの一派、アーミッシュは、外界とのかかわりを最低限に保つため、自動車や電化製品をはじめとした現代文化をあまり受け入れなかった。アーミッシュは高等教育も信仰を弱めると考え否定するが、一九七一年、連邦最高裁判所は、憲法修正第一条を根拠に、アーミッシュの家庭が通常よりも二年早く子供の義務教育を切り上げることを認めた。

移民社会アメリカでは、独自の生活を送る閉鎖的宗教コミュニティは、新宗教が作るものに限られない。アーミッシュのほかにも、一九世紀末ごろから主に東欧より移住し、戒律のもとに伝統的生活を維持する正統派ユダヤ教徒も存在感がある。こうしたコミュニティに生まれた子供たちは一般のアメリカ文化とあまり接触することなく育ち、たとえ成人しても、親の宗教を拒んでコミュニティを離脱することは困難だ。子の教育において、自分たちの世界に引きこもろうとする動きは福音派でもみられ、一九八〇年代以降、公立学校の非宗教的教育を避けたいが、私立にも通わせられない福音派家庭が、ホームスクーリングを選ぶことが広まった。虐待や、教育を一切受けさせないようなネグレクト、医療拒否など、法に触れるような極端な被害が未成年に及ぶ場合は、アメリカの政府機関は保護のため介入するだろう。だが、そうでない限りにおいて、アメリカの宗教の自由は、親が独自の宗教的価値観のもとに子供を育てることを守るのである。とはいえ、子供が成年に達するや、個人主義の国アメリカにおいて、親が子供を縛る根拠は法的にも社会文化的にも極めて薄弱となる。

以上、アメリカの政教関係の基本と二〇世紀までのその歴史について概説するとともに、カルト問題や宗教二世問題がどのように扱われているかをみてきた。憲法修正第一条はアメリカを政教分離国家とし、宗教の自由を保障している。同時に、アメリカ人のほとんどが、多様ではあれど宗教者という状態が長く続き、宗教が国家や市民社会を支える積極的側面が重視されて、政教の分離が曖昧になることもあった。憲法は宗教者、宗教団体の自由な活動、宗教的コミュニティの維持をかなり強力に守っており、政府機関が介入しにくくなっている。それを自由が大きいと称えることもできるが、そこに問題があるとみなされる場合、宗教の自由は解決の障壁と捉えられるだろう。

二　政治家の宗教とアメリカ政治

連邦議員の宗教

アメリカの連邦議員（日本でいう国会議員）は、そのほとんどが何らかの宗教的アイデンティティを公にしている。二〇二一年の時点では、上下院あわせて五三一名いる連邦議員のうち、宗教者の議員が全体の九六％だった。また、残りの四％のうちのほとんどは宗教不明で、自らをはっきりと宗教者でないと提示している議員は二人きりだった。この数字は、無宗教者を自認するアメリカ成人が二五％ほどという数字から大きく隔たっており、少なくとも連邦レベルの議員選出において、それほど宗教的でない人を相当数含むアメリカ市民が、政治的代表としては宗教的な人々を選んでいることが見えてくる[Pew Research Center, 2021]。

一つの要因にあげられるのは、アメリカはじめキリスト教圏において、宗教を信じない人が極めて否定的に受け止められてきた歴史だ。宗教は自由のはずのアメリカでも、キリスト教が社会の道徳秩序を支えるとの理解は長らく維持され、神を畏れ、教会に通うキリスト教徒であることは、信頼できる人格や穏健な常識を持ち合わせているあかしとされてきた。現代でも、政治家の個人的宗教心は、政治的代表にふさわしい人柄なのかを判断する要素として重みをもつ。

これは裏を返せば、神を否定する無神論者が、過激で不道徳な秩序転覆者として不信の目で見られてきたということだ。現代では否定的理解は和らいできたと考えられるが、宗教者の連邦議員の多さからも、影響が皆無ではないことが読み取れるだろう。二〇一九年のギャラップ社の調査でも、無神論者の大統領候補者に投票してもよいと答えるアメリカ人は六〇%にとどまる[McCarthy, 2019]。アメリカの連邦議員ではじめて無神論者であることを明かしたのは、ピート・スターク元下院議員で、ようやく二〇〇七年のことだった。

宗教者の連邦議員の内訳をみれば、キリスト教徒が突出して多く(全体の八八%)、ユダヤ教徒がそれに続くが、それ以外の議員も近年増加している。二〇二一年時点の連邦議会には、ムスリムの議員(三名)、ヒンドゥー教徒の議員(二名)、仏教徒の議員(二名)が含まれた。そして現代のアメリカを理解する上で重要なのは、宗教なしや、不明の人々を含め、キリスト教徒ではない議員たちがほぼ民主党所属で、対する共和党の連邦議員は二六一人中二五八人、割合にして九九パーセントがキリスト教徒ということだ(その他はユダヤ教徒二人、不明一人)。宗教的に多様な民主党、キリスト教の共和党という性格が、議員の宗教を通しても見えてくる[Pew Research Center, 2021]。

ここで聖職者自身が政治家になることについて述べておく。アメリカでは英領植民地期以来、聖職者が政治的地位を得ることが忌避され、禁止法を制定した州もあった。一九世紀末ごろからは、特定の職業に就く人の政治活動を制限する方が宗教の自由を侵害しているとの理解が強まり、最終的には一九七八年に違憲判決が出て、聖職者が政治的地位を得ることを禁じる法律はなくなった。とはいえ、有名聖職者が政治家になろうとすることが歓迎されない風潮自体は存続している。また、カトリック教会のように、宗教団体の方が聖職者に政治的地位を得ることを禁じるようになった場合もある。

大統領の宗教

アメリカにおいて、個人の人格を構成する、重要かつ好ましい要素として政治家の宗教性が注目されること、それと同時に、宗教的影響が政治に及ぶことへの警戒感が皆無ではないことを論じてきたが、これらは大統領とその選挙にも当てはまる。ここからは、オバマ、トランプ、バイデンという直近三大統領の宗教とのかかわりと、政治に対するその影響を簡単に見ていきたい。

①オバマ――ネガティヴ・キャンペーンとしてのムスリム疑惑

オバマはアメリカ史上初の黒人大統領として知られるが、大統領選挙戦以来、白人では流されたことがなかったような様々な虚偽情報が広められた。その一つが、オバマは生まれながらのアメリカ市民ではないというもので、もう一つはオバマがムスリムだというものだ。これらは全くのデマで、オバマは出生地ハワイで生まれた時点でアメリカ市民権を得た。父親はイスラーム的背景をもつケニア人で、アメリカ人の母親は無宗教者だが、オバマ自身は成人後、プロテスタントのキリスト教会に通うようになった。

生まれながらのアメリカ市民でない者は大統領になれないため、こちらの方が重大なデマといえる。一方、宗教を理由に大統領就任を禁止することはできないため、ムスリムであることに本来何の問題もないはずだ。だが、前掲のギャラップ社の調査によれば、二〇一九年調査時点においてなお、ムスリムの大統領候補者に投票してもよいと考えるアメリカ人は六六%にとどまった。そして二〇一〇年の調査では、一八%のアメリカ人が、オバマはムスリムであると誤って認識していた[McCarthy, 2019; Pew Research Center, 2010]。

すなわち、オバマがムスリムだとの虚偽情報は、ネガティヴ・キャンペーンの一環として流布され、それなりに効果があったとみられる。候補者の宗教は選挙戦において意義をもち、一般的でないとみられがちな宗教的立場――ムスリムであることや無宗教者であること――は、政治的負の意味を完全に失ってはいないことがここからも見えてくる。

②トランプ――白人福音派に歓迎された非宗教的大統領

トランプはプロテスタントのキリスト教徒だが、まじめな信徒とはみなされてこなかった。トランプはもともと、カジノビジネスで成功した富豪として有名だった。教会には通わず、二度離婚し、不倫や女性に対する性的ハラスメント事件も起こしてきた。トランプは理想的キリスト教徒にはほど遠いというのが一般的見方だった。

しかしながら、二〇一六年大統領選挙がトランプの勝利に終わると、白人福音派の五人に四人がトランプに投票したことが明らかになった。福音派はアメリカ人の二五%ほどを占める保守的キリスト教徒で、性や家族に関する道徳を重んじる人々として知られる。一九七〇年代以来、保守政党共和党を支える宗教右派の中核として、福音派は選挙のたびに注目されてきた。福音派にはあらゆる人種が含まれるが、人種的少数派はトランプの人種観や移民政策を懸念する傾向が強かった。その一方、人種的多数派である白人の福音派にとっては、トランプの政策も人格的評価も、彼を拒絶する理由にはならなかったのだ。

白人福音派がトランプ以前に強く支持したのは、二〇〇一年から二期つとめた、自身が福音派のジョージ・W・ブッシュ大統領だった。ブッシュは信仰により飲酒を断ったとのエピソードをもち、福音派の一員とみなされていたものの、大統領としての業績において宗教右派を満足させることができなかった。さらにその後はリベラル政党民主党の大統領オバマの八年間が続き、彼らの不満は募った。

大統領候補者トランプは、こうした中で白人福音派の前に現れた。彼らはアメリカをキリスト教国としたいという彼らの思いを政策として実現してくれそうな、強い指導力をもった大統領を欲し、トランプがそれに応えようとしたことが、両者の蜜月関係を築いた。二〇二〇年大統領選挙でトランプは敗北したものの、白人福音派のトランプ支持は維持された[Smith, 2021]。白人福音派のトランプ支持からは、自分たちの宗教的価値観を反映した政策を実現してくれる政治家であれば個人的宗教性や道徳性は問わないという、実利的結びつきもみえてくる。また、トランプが露骨に示したのは、政治家の側が支持勢力にすり寄る姿だった。旧統一教会はアメリカでもカルトとみなされてきたが、トランプら共和党の政治家たちを中心に、関連団体イベントに出席するなどのつながりが知られる。二〇二四年大統領選挙に向けては、再出馬を狙うトランプが、荒唐無稽な陰謀論を流布してきた集団Qアノンに接近し支持を訴えている。

③バイデン――教会と意見を違える史上二人目のカトリック大統領

政治家の個人的宗教と政策がずれているのは、史上二人目のカトリックのアメリカ大統領、バイデンについてもいえる。カトリック教会は教会全体の方針として人工妊娠中絶を認めておらず、プロライフ派（生命擁護を掲げ人工妊娠中絶に反対する）の政治活動を牽引したカトリック教徒たちは、宗教右派の一角として共和党を支えてきた。但し、アメリカのカトリックの半数ほどはプロチョイス派（選択擁護を掲げ人工妊娠中絶を容認する）で、政党選好も共和党と民主党が拮抗している。バイデンはカトリック家庭に生まれ、まじめに教会に通う信徒である。リベラル政党民主党の政治家としての長いキャリアをもち、政策としてはプロチョイス派だ。

二〇二〇年大統領選挙でバイデンが勝利すると、カトリックの大統領がプロチョイス派であることに対し、司教(教会の高位聖職者)たちからの非難が高まった。翌年六月、アメリカ内のカトリック教会最高機関である司教協議会は、聖体拝領の儀礼についての文書を用意する中、プロチョイス派のカトリック政治家を儀礼から締め出すことを決議した。一一月に出された文書最終版からこの件は除かれたものの、司教によっては自分の管轄地でプロチョイス派政治家の聖体拝領を禁じている。カトリック教会にとって、聖体拝領は宗教的救済の中核をなし、締め出しの重みは甚大だ。ローマ教皇が問題の深刻化を避けようとしており、バイデンは所属司教区において聖体拝領を認められているなど、今のところ事態はそれほど切迫していない。とはいえ、カトリックの政治家たちが、宗教的救済と政治的意見の二択を教会から迫られる状況も見え始めている。

いずれにせよ、二〇二〇年選挙において、バイデンの宗教が政治的意見を歪めると懸念した人は多くなかったと思われ、それは、一九六〇年選挙で勝利し、史上初めてカトリックのアメリカ大統領となったケネディや、さらに遡って、一九二八年選挙で民主党大統領候補にのぼりつめつつ敗北した、アル・スミスの選挙戦とは対照的だった。スミスやケネディの時代、カトリックであることは、選挙中、負の要素として取りざたされた。二〇世紀半ばごろまでアメリカのカトリック教会は、移民と二、三世を中心としていた。多数派宗教者であるプロテスタントの間には、カトリックを非アメリカ的とみなす偏見や、カトリック政治家がローマ教皇の言いなりになるとの陰謀論的疑念があったのだ。結果的に勝利したケネディも、選挙戦中繰り返し、自分の宗教と政治的立場は別であることを弁明し続けなければならなかった。

二〇二〇年選挙において状況は変わり、バイデンがカトリックであることはむしろその人格を保証する積極的属性としてアピールされた。これは比較的近年、二〇〇四年大統領選挙で民主党候補になるも敗北したケリーが、カトリックらしさを出さず選挙を戦ったことと比べても印象的だ。バイデンの大統領就任式では、演説中「自分が通う教会の聖人」が言及されるなど、カトリックらしさがあえて織り込まれた(プロテスタント諸教会は聖人の存在を認めていない)。こうした言及は、カトリックがアメリカに十分に根づいたことの証左であり、二人目のカトリックの大統領就任に際し、それを改めて確認する行為でもあっただろう。

以上、アメリカの連邦議員や大統領の個人的宗教についてみてきた。日本との比較で特徴的なのは、それが選挙のたびに注目されることだろう。アメリカでは、宗教が個人の人柄を大きく規定することが自明視されており、いずれの宗教に所属しているのか、どれほど敬虔であるのかが注視され、メディアもさかんに報道を行う。同時に、政治家個人の宗教と政治的意見は別であるとの理解も、ある程度共有され、自分たちの望む政策を実現してくれるかどうかこそが問われる面もある。

三　宗教的価値観を背景にした市民の運動

宗教が支えた市民の運動

アメリカは原則として政教分離国家である一方、大多数の市民が宗教者であるとの状態が長く続き、社会や国家制度を変革しようという市民の運動を支えた価値観はしばしば、宗教的なものだった。公衆にむけた啓発活動、政治家に対するロビー活動、そして選挙への関与といった手段を通じ、宗教の影響がアメリカを変えてきた例は歴史上数多い。

例えば、一九世紀から始まった禁酒運動の末、一九二〇年には憲法修正により酒類の製造・流通・販売が禁止された。運動を支えたのはキリスト教婦人矯風会などの宗教的団体であり、飲酒を不道徳とみなすプロテスタント的道徳意識が反映されていた。なお、この「禁酒法」は酒類消費を求める市民の実態に合わず、一九三三年に廃止された。

また、一九五〇年代から六〇年代、黒人の権利を回復するための公民権運動を率いたマーティン・ルーサー・キング・ジュニアがプロテスタントの牧師で、その演説にしばしば聖書からの引用が行われたことを思い起こしてもいいだろう。キングの運動は、神のもとに万人が平等だというキリスト教信仰に支えられており、だからこそ、その言葉は自身がキリスト教徒である多くのアメリカ市民の心を揺さぶり、運動は大きくなった。新たな立法が行われ、人種隔離法をはじめとした差別的法律が廃止された。

では、教会など宗教団体それ自体が運動に関与することについてはどう考えられてきたのだろうか。キリスト教は社会の礎との理解が強かったアメリカにおいて、聖職者や教会が公の問題に対し意見を表明することは歴史上珍しくなかった。但し、何がその対象にふさわしいかについて、意見は分かれがちだ。例えば、アメリカで反奴隷制運動が活発化した一八三〇年代、運動参加者たちは宗教界の支援を期待したが、教会と聖職者の多くは当初それを政治問題への介入とみなし、距離をおいた。二〇世紀初頭には神学的にリベラルな諸教会が「社会福音」を唱え、社会問題への組織的取り組みを訴えたが、保守派からは、教会の真の役割から逸脱しているとの批判が起こった。現代であれば、同性婚や人工妊娠中絶問題へのかかわりを教会の当然のつとめとみなす人もいれば、行き過ぎた政治関与と考え警戒する人もいるだろう。法律が明白に制限しているのは、宗教団体自体が、選挙の特定候補者への支援、反対を表明することだ。一九五四年に制定された税法、ジョンソン修正条項のもと、そうした宗教団体は非営利団体としての税の優遇を喪失する。なお、トランプは大統領時代、ジョンソン修正条項が宗教の自由を制限していると訴え、撤廃をもくろんだが失敗に終わった。そもそも調査の数字からは、教会や聖職者の選挙への関与を望んでいないアメリカ人が多数を占めることがわかる[Pew Research Center, 2019]。

二極化するアメリカと宗教

宗教的に多様な人々・団体がそれぞれの価値観を背景に展開してきた運動は、アメリカの活力の源となり、変化を牽引してきた。だが、この四半世紀ほど、アメリカが二極化し「文化戦争」が起こっているという認識が深まるとともに、宗教右派の政党としての保守的共和党、無宗教者や非キリスト教徒の支持するリベラルな民主党という構図が強まった。宗教的な人と宗教的でない人が敵対し、政治を通じて一方が他方に価値観をおしつけていると見える状況がうまれている。

二〇二二年、アメリカにおいて、人工妊娠中絶全面禁止が可能となり、世界を驚かせた。遡ること約半世紀、一九七三年の連邦最高裁判所の判決(ロウ判決)は、憲法が保護するプライヴァシー権の一部として人工妊娠中絶を認め、以降二〇二二年までは、各州が人工妊娠中絶に規制をかけることはできても、全面禁止することはできなかった。だが、新たに出された通称ドブス判決のもと、各州の議会は州内の人工妊娠中絶を全面的に禁止することもできるようになった。プロチョイス派が有力な諸州では、今後も人工妊娠中絶は合法のままとみられる。一方、プロライフ派が優勢な約半数の州では、実際に全面禁止法制定が進んだ。ロウ判決を覆すべく、宗教的な人々が中心となって継続されてきた運動は、二〇二二年に至ってついに大きな実を結んだ。

注目すべきは、人工妊娠中絶全面禁止を支持するアメリカ人が実は少数派であることだ。ドブス判決が出る直前にピュー研究所が行った調査では、人工妊娠中絶を合法にするべきと考えるアメリカ人は六一%で、非合法化を支持する人(三七%)よりもかなり多かった[Hartig, 2022]。ではなぜ、多数派が支持しない大きな変化が起きたのだろうか。

第一の要因として、違憲判決を出すのが連邦最高裁判所の判事たちで、民意と完全に合致するとは限らない、法律家としての解釈に基づき判断を下すことが挙げられる。連邦最高裁判事は死去や引退でしか交代しない終身職で、ごくたまに席があけば、その時の大統領が議会の承認をうけて任命を行う。法解釈には幅があり、共和党大統領は保守寄りの、民主党大統領はリベラル寄りの解釈をする判事を任命するが、大統領が任期を終えても判事の地位は揺るがないことで、司法の自律と一貫性が保たれる。その時々の市民の意見に応じて柔軟に意見を変えることが阻まれているともいえる。

二〇二二年の連邦最高裁は、保守派判事六人、リベラル派判事三人の、保守圧倒的優位にあった。司法こそが重要と考えた保守派が長年かけて法律家を育て、裁判官として送り出してきたことに加え、トランプ大統領任期中、全九人中三人もの判事交代が起こったことがこの状況を生んだ。ドブス判決時トランプはもう大統領ではなかったが、遅れて挙がった政治的成果といえる。就任時四、五十代の判事たちは、数十年勤め続けると予想され、長期にわたる影響が見込まれる。

第二に挙げられる要因はアメリカの連邦制だ。全米でみれば人工妊娠中絶を合法にすべきと考えるアメリカ人のほうが多くなるが、州単位でみれば逆転する場合もある。ドブス判決の論理は、連邦政府が全米一律で人工妊娠中絶全面禁止を阻むことは、各州の州権を侵害する越権だというものだ。判決の一因となったトランプ大統領誕生にも連邦制がかかわっている。選挙は市民が大統領を直接選ぶのでなく、州ごとに割り当てられた選挙人を選ぶ制度になっている。二〇一六年選挙において、トランプは実は得票数では負けていたが、より多くの選挙人を獲得したため、大統領となることができた。

アメリカ政治は立法、行政、司法の三すくみに州と連邦政府の関係を加えた、複雑な仕組みで動いていく。選挙はマーケティングや統計学を駆使する一種の産業となっており、選挙費用は年々増大している。市民の意見が割れる問題について、多額の政治資金と専門家を投入し、巧みな戦略を展開することで、説得や妥協を経ずとも政治的勝利が得られるようにも見える。納得していない人があまりに多い、影響の大きい結果がそこから引き出されれば、社会は不安定化せざるをえない。

宗教の自由の政治

ドブス判決は、一部の宗教者の価値観を、それを共有しない人々にまで押し付けるもののようにみえるが、二〇世紀後半以降、政府が価値観を押し付けていると反発してきたのはむしろ宗教者のほうだった。近年では、オバマ政権下で導入された新たな健康保険制度(オバマケア)のもと、避妊の保険適用が大幅に拡大されたことは、人工妊娠中絶のみならず生殖コントロール全般を不道徳とみなす宗教的な人々を怒らせた。二〇一五年には、長年の政治闘争の末に全米で同性婚が可能となった。宗教に敵対的なリベラル派が政府を牛耳っており、少数派たる宗教者が迫害されている、との被害者意識が宗教右派の間で強まり、宗教の自由を掲げ、法による縛りに抵抗する姿が目立つようになった。

二〇一四年には、オバマケアによって避妊への「共謀」が強制されているとの理由で、福音派の家族経営手芸チェーン店、ホビーロビー社が裁判を起こした。連邦最高裁判所は、営利企業であってもその宗教の自由を守るため、従業員に対する保険適用を拒否することができると判断した。二〇一八年には、同性婚のカップルに対してウェディングケーキを作ることが宗教的信念に反するとの申し立てを行ったケーキ店主が、宗教の自由を理由に製作拒否を認められた。こうした宗教の自由の保護拡大は、宗教的な人々を政府の強制から解放し、彼らを満足させるだろう。その一方で、避妊への健康保険適用を受けられなかった従業員や、企業のサービスを断られた顧客は不利益を被ることになる。リベラル派からは、宗教右派が強調する宗教の自由が、彼らの望む「キリスト教国」化や、差別の温存をもたらすのではないかとの懸念の声も挙がっている。

ドブス判決をはじめとする反人工妊娠中絶の動きに対しては、プロチョイス派の方が宗教の自由を求める動きもみられる。すなわち、人工妊娠中絶が法的に禁じられた州において、自らの宗教が人工妊娠中絶を認めていることを根拠に、法律適用の例外を求めようというのだ。これまで宗教右派によって活用されてきた宗教の自由を、今度はリベラルな価値観をもつ宗教者たちが頼りにしようとしている。ここで一つ問われているのは、近年拡大してきた宗教の自由が、保守的宗教者だけでなくあらゆる宗教者に平等に認められるかどうかということでもある［Wexler, 2019］。

人工妊娠中絶禁止に抗するこの戦略が奏効するかは不透明だが、アメリカの宗教の自由が少数派宗教をも守りつつある様子は、確かに観察できる。イスラーム嫌悪は紛れもなくあるものの、アメリカ人ムスリムは増加しイスラームは定着しつつある。大陸ヨーロッパでは問題になりがちな、公的場でのヴェール着用による宗教性表明も受け入れられており、二〇二二年現在三人いるムスリム連邦議員のうち、オマル下院議員はヒジャブを被って公務についている。なお、アメリカ政治の宗教性のあらわれとして、大統領就任式で歴代大統領が聖書に手を置き宣誓してきたことが指摘されるが、これはキリスト教徒の大統領が自分の宗教の聖典を使用しているためだ。もしムスリムの大統領が誕生すればクルアーンが使用されることだろう。

世界的伝統宗教イスラームが、他宗教と同等の宗教の自由をもつことは比較的認められやすい一方、「無宗教者の宗教の自由」が、宗教者と同様に認められるかどうかは難しい状況と思われる。宗教の自由が法的に認められるためにまずは宗教であることが認定されねばならない困難は、研究者たちが指摘してきたところだ[Sullivan, 2018]。アメリカの歴史を振り返れば、ダンスや儀礼を中心としたネイティヴ・アメリカンの宗教性は、キリスト教徒から長らく宗教として認められず、政府による規制が宗教の自由の侵害とみなされるようになるまで時間がかかった[Wenger, 2009]。無宗教者が四分の一をも占めるアメリカで、宗教の自由が宗教者のみを特権化するように作用するならば、それは不平等な国教体制への接近とも見える。

「無宗教者の宗教の自由」に類したものは、実は良心的兵役拒否をめぐる訴訟の中で認められてきた。アメリカはヴェトナム戦争時までは徴兵によって兵力を確保しており、兵役拒否を誰にどのような基準で認めるかどうかが大きな問題だった。かつては教会への所属と無関係の良心のあり方は想定されておらず、良心を理由に拒否を申し立てるには、組織として戦闘を否定する教会に所属していることが必要だった。だが、実情にあわせて対象が拡大され、二〇世紀後半には、非宗教的で個人的な道徳律に基づく拒否も認められるようになった。かわって重要とされるようになったのが、「心からの信念」かどうかということだ。だが、裁判所がそれを判断するのは難しく、恣意的にならないかが懸念される。また、どれほど荒唐無稽であっても「心からの信念」であれば保護に値するとみなされてしまうのか、といったことが問題として残る[McCrary, 2022; Sullivan, 2020]。

結　論

国教が禁じられ宗教の自由が認められた政教分離国家アメリカは、日本と制度的に似た部分も多い一方、市民の宗教とのかかわり、政治と宗教のかかわりは、大きく異なると思われてきた。アメリカの多数派は多様な宗教的アイデンティティをもつ人々で、無宗教者は今も少数派である。宗教右派が共和党を支える状態が続くなか、四年ごとの大統領選挙では共和党と民主党、どちらの候補者に投票するのか決めなくてはならない。こうした環境下では、自分の宗教的立場は何か、それが自分の政治的立場とどうかかわるのかを自問したり、他者から問われたりする機会が多くなるだろう。宗教にせよ政治にせよ、曖昧な「なんとなく」の立場を維持することがより難しいだろう。

一方、国民の同質性や宗教性の薄さが頻繁に論じられ、多数派は無宗教との想定が広くいきわたってきた日本でも、強い宗教的価値観を背景にした政治活動が実は活発に行われ、政治の空間が宗教的に無色透明なわけではないことが可視化された。宗教と政治のかかわりに対する世間の関心が高まり、見過ごされていたものにも新たに光が当たった結果、これまで違いが強調されがちだったアメリカと日本の状況は、より似たものとして見えてきたように思う。

とはいえ、宗教的保守派と宗教性の薄いリベラル派の間の文化戦争が日本にも訪れる、というような議論はあまりなされておらず、むしろ現在の日本で期待されているのは、政府が宗教的に中立的な立場から、政治と宗教のかかわりの諸問題を解決することだろう。だが、アメリカの状況が示しているのは、政府の宗教的中立性なるものが実は所与でも自明でもなく、それが何かを決めること自体が政治闘争の対象だということだ。二極化と分断が指摘されるアメリカのあり様は理想的とは言い難い。だが少なくとも、適切な政治と宗教の関係をめぐる議論が活発に交わされ、民主的な政治制度のもとにそれを選び取ろうとする努力が、危ういながらも継続している。アメリカにおいて、このプロセス自体への信頼はまだかろうじて維持されているように思われる。

参考文献

エドウィン・S・ガウスタッド『アメリカの政教分離——植民地時代から今日まで』大西直樹訳、

みすず書房、二〇〇七年。

栗林輝夫『アメリカ大統領の信仰と政治――ワシントンからオバマまで』キリスト新聞社、二〇〇九年。

D・E・コーワン、D・G・ブロムリー『カルトと新宗教――アメリカの8つの集団・運動』村瀬義史訳、キリスト新聞社、二〇一〇年。

佐藤清子「現代合衆国における歴史認識と信教の自由理解――キリスト教国論をめぐって」『東京大学宗教学年報』三四号、二〇一七年、四五―六〇頁。

――「アメリカの「伝統」の新たな挑戦――多様な宗教・非宗教の共存」藤原聖子編『世俗化後のグローバル宗教事情』(いま宗教に向きあう3)岩波書店、二〇一八年、二四四―二五八頁。

――「宗教の自由のゆくえ――アメリカ社会思想・キリスト教」藤永康政／松原宏之編著『「いま」を考えるアメリカ史』ミネルヴァ書房、二〇二二年、二五五―二七三頁。

中野毅『宗教の復権――グローバリゼーション・カルト論争・ナショナリズム』東京堂出版、二〇〇二年(とくに第二部第二章「アメリカにおける反カルト運動とナショナリズム」一一四―一四三頁)。

マーサ・ヌスバウム『良心の自由――アメリカの宗教的平等の伝統』河野哲也監訳、慶應義塾大学出版会、二〇一一年。

藤本龍児『「ポスト・アメリカニズム」の世紀――転換期のキリスト教文明』筑摩選書、二〇二一年。

R・N・ベラー「アメリカの市民宗教」、同『社会変革と宗教倫理』河合秀和訳、未来社、一九七三年。

松本佐保『熱狂する「神の国」アメリカ――大統領とキリスト教』文春新書、二〇一六年。

――『アメリカを動かす宗教ナショナリズム』ちくま新書、二〇二一年。

Hartig, Hannah, "About Six-in-Ten Americans Say Abortion Should Be Legal in All or Most Cases." Pew Research Center, June 13, 2022. https://www.pewresearch.org/fact-tank/2022/06/13/about-six-in-ten-americans-say-abortion-should-be-legal-in-all-or-most-cases-2/.

Lewis, James R., *Cults: A Reference and Guide*. Third Edition. Routledge, 2014.

McCarthy, Justin, "Less Than Half in U. S. Would Vote for a Socialist for President." Gallup. com, May 9, 2019. https://news.gallup.com/poll/254120/less-half-vote-socialist-president.aspx.

McCrary, Charles, *Sincerely Held: American Secularism and Its Believers*. University of Chicago Press, 2022.

Pew Research Center, "Religious Landscape Study." Pew Research Center's Religion & Public Life Project. https://www.pewresearch.org/religion/religious-landscape-study/.

——, "Growing Number of Americans Say Obama Is a Muslim."Pew Research Center's Religion & Public Life Project, August 19, 2010. https://www.pewresearch.org/religion/2010/08/19/growing-number-of-americans-say-obama-is-a-muslim/.

——, "Americans Have Positive Views About Religion's Role in Society, but Want It Out of Politics." Pew Research Center's Religion & Public Life Project, November 15, 2019. https://www.pewresearch.org/religion/2019/11/15/americans-have-positive-views-about-religions-role-in-society-but-want-it-out-of-politics/.

——, "Faith on the Hill: The Religious Composition of the 117th Congress."Pew Research Center's Religion & Public Life Project, January 4, 2021. https://www.pewresearch.org/religion/2021/01/04/faith-on-the-hill-2021/.

Smith, Gregory A., "More White Americans Adopted than Shed Evangelical Label during Trump Presidency, Especially His Supporters."Pew Research Center, September 15, 2021. https://www.pewresearch.org/fact-tank/2021/09/15/more-white-americans-adopted-than-shed-evangelical-label-during-trump-presidency-especially-his-supporters/.

Smith, Gregory A., Michael Rotolo, and Patricia Tevington, "45% of Americans Say U. S. Should Be a 'Christian Nation.'" Pew Research Center's Religion & Public Life Project, October 27, 2022. https:

//www.pewresearch.org/religion/2022/10/27/45-of-americans-say-u-s-should-be-a-christian-nation/.

Sullivan, Winnifred Fallers, *The Impossibility of Religious Freedom*. New Edition. Princeton University Press, 2018.

—, *Church State Corporation: Construing Religion in US Law*. Chicago: University of Chicago Press, 2020.

Wenger, Tisa Joy, *We Have a Religion: The 1920s Pueblo Indian Dance Controversy and American Religious Freedom*. Chapel Hill: University of North Carolina Press, 2009.

Wexler, Jay, *Our Non-Christian Nation: How Atheists, Satanists, Pagans, and Others Are Demanding Their Rightful Place in Public Life*. Stanford, California: Redwood Press, 2019.

終章　統一教会問題と公共空間の危機

島薗　進

一　統一教会の「政治と宗教」問題

はじめに

本書では、現代日本における「政治と宗教」の問題を、二〇二二年の安倍晋三元首相銃撃殺害事件を機に見えるようになってきた、統一教会をめぐる「政治と宗教」問題を手がかりに、世界の状況にも目を配りつつ考察している。この終章では、これをさらに現代日本の公共空間と宗教の関わりという観点から捉え直していきたい。序章で述べたことと重複するところがあるが、本書の主題を明確にするための繰り返しなのでご理解いただきたい。

統一教会がその六〇年を超える展開過程で多くの人権侵害を犯すとともに、岸信介から福田赳夫、安倍晋三といった自民党の右派を主軸とした多くの政治家との間で支え合いの関係をもって来たことは、本書の第一章から第二章の叙述で述べてきた。そこで繰り返し浮かぶ問いが二つある。なぜこのような宗教教団が長期にわたって存続してきたのだろうか。また、なぜこのような政治と宗教の関係が容認されてきたのだろうか。

これについては段階に分けて考えなくてはならないだろう。とりあえず、第一段階が一九六〇年代から八〇年代まで、第二段階が九〇年代から二〇〇〇年代の半ばまで、第三段階が二〇〇〇年代後半から二〇一〇年代と分けることができる。

統一教会の政治関与の段階区分

第一段階においては「反共」という共通の政治理念があり、その下で自民党右派の政治家や右派の財界人や学者らとの協力体制が構築され、その過程で統一教会は政治的保護をあてにした強引な伝道や霊感商法などの人権侵害を招く活動を強力に進めた。現世の悪を強調する教えを信奉する若い信徒を軸に、とくに日本人をターゲットに、偽りや脅しの要素が濃く、自由な判断力を奪うような布教や献金要求を行うようになった。マスコミ等の批判に対しては、無言電話やいやがらせなどで威迫する対応をとるようになった。そのためもあってマスコミの批判はさほどのものにならず、警察の捜査も入らない状況が続き、人権侵害は改められることなくむしろ深まっていった。

第二段階では、一方で合同結婚式への批判や霊感商法への批判、他方ではオウム真理教の暴力的事件と摘発、そして解体への経過で、宗教教団の強引な伝道活動がしにくくなっていき、日本での統一教会の教勢がかげりを見せる時期である。これに対して、統一教会は既存の信者からできるだけ多くの高額献金をさせるという形で、韓国の本部への資金調達を維持しようとした。また、政治家との関係を強化すべく国会議員の私設秘書の派遣に力を入れてもいた。この時期も政治家との関係維持・強化は行われていたが、さほど目立たないものになり、マスコミ報道も多くなく、教団の勢力基盤は維持され、世界的な勢力拡充は続いた。

第三段階は二〇〇〇年代の後半から一〇年代にかけての時期で、新たに統一教会は政治家への働きかけを一段と強め、その範囲を拡大する一方、政治家も選挙に勝つための協力者と見なしてさかんに利用しリップサービスなどの見返りを提供するようになった時期である。かつては隔離型の団体で信徒を囲い込むことに集中していた統一教会だが、今度は教団上中層部をさまざまな形で政界周辺に送り込み、広い範囲の政治家に好まれる関係を作ることに力を尽くすことになる。この段階では、統一教会関係者と分からずに関係を結ぶ例が増えただろう。また、伝統的な男性優位の家族構造や保守的性規範の強調というアジェンダを通して、右派あるいは保守層との関係強化を目指す傾向を強めてきた。

統一教会の政治関与の力点の変化

第一段階と第三段階では統一教会をめぐる政治と宗教の関わりの性格がだいぶ異なっている。統一教会の人権侵害を「政治の力」が著しく助長したと思われるのは第一段階だが、そこでは「反共」「勝共」理念に力点があり、選挙での教団側の奉仕と政治家の教団利用という性格はさほど目立たなかった。限られた数の右派政治家の関与が、自民党にとっての教団の存在意義を確認する働きをしていた。

これに対して、第三段階の二〇一〇年代は統一教会の伝道活動の違法性が裁判等で示されていき、警察の介入があるかもしれないとの認識もあり、教団の活動の人権侵害的な性格はいくらかは控えられた。だが、それでも教団本部への多額の送金の求めは続き、献金等による激しい収奪は続いている。やがてこれまで声を上げられなかった、元信者や統一教会二世などの発信も行われるようになる。他方、選挙を見据えた政治家と教団の癒着は大規模なものになっていった。こうした関わりは批判が次第に強まった第二段階ですでに準備が進んでいたが、第三段階で一段と積極的に推し進められるようになる。政策的な共鳴点としては反共から男性優位の家族構造や性道徳の強調へとシフトしていったが、自民党右派との連携という点は続いている。

統一教会と政治家の関係が私的利益のもたれ合いとして目立つようになったのは近年のことだが、統一教会が多くの被害者を生み、「伝道」という名で人権侵害を犯してきたのはその全過程で継続している。人権侵害がとりわけはなはだしかったのは発展の早い時期（九〇年代前半まで）のことである。だが、どの時期の関わり方も民主主義を歪め公共空間を脅かすとともに、人権侵害を招き、また被害者の苦難を増進させてきたと考えられる。

これは十分に明確にされるべき事柄であり、教団は被害者に謝罪し、償いを行うべきものである。政治家や政党もまた、多くの責任を負い、どこに誤りがあったかを明確にすべきである。そのことを明らかにすることは、政府・政治家・政党と教団の責任であるが、研究者やジャーナリズムがその解明に貢献できることは言うまでもない。

統一教会の政治関与の二側面

公共空間への影響という観点からは、「政治と宗教」問題を二つの側面に分けて考えていくことで、理解を深めていくことができるだろう。一つは右派的な理念や政策課題に基づく連携であり、もう一つは宗教集団と政治家がそれぞれの個別利益でもたれ合い、公共の福利を無視して強められていく利益協同である。統一教会の場合、六〇年代から八〇年代にかけては、右派的な理念や政策課題(スパイ防止法など)に基づく連携の側面が濃厚で政治家はその側面を重視していた。だが、教団はそのような連携による支持を得ることで、人権侵害をものともしない教勢拡大という、多大な個別利益(実は他者を傷つけ、わが身を滅ぼすはずのもの)を得ることとなった。

それ以後の時期は、人権侵害をもたらす布教を継続しつつも、次第に強められていく市民社会の批判から教団を守るための政治家との連携に力を入れていく。世界的な冷戦構造の崩壊によって反共理念は力を弱めていくが、右派的な理念や政策課題という点では、男性優位の家族構造や保守的性規範の強調という方向に力点を移していく。他方で、連携する政治家の範囲を広げ、選挙による個別利益の追求という方向での関係を強めていく。とりわけ二〇一〇年以降、この方向での教団と政治家とのもたれ合いが強化されていった。

だが、人権侵害を続けてきた教団を支えることによって、政治家が得てきた利得はどれほどのものだろうか。どのような相手かを考えもせず「名前を貸す」ような形で統一教会との関係を保ってきた政治家は、それがお墨付きを与えるという形で教団の利得になるかわりに、自らが得たものはあまり大きくはない。自民党の右派色を強めるのに貢献はしたかもしれないが、それは自民党全体から見ると歓迎すべきことだったのだろうか。二〇二二年以後に受けた批判によって後悔している政治家も少なくないことだろう。今こそ悪しきもたれ合いの関係を断つべきことに異論はないはずだ。

それ以上に問われるべきは、現代日本の公共空間に対する政治家の責任と宗教団体の関与のあり方である。個別利益のもたれ合いは、明らかに公共空間の閉塞をもたらす可能性がある。選挙が公衆の意思を公正に反映せずに、特定宗教勢力の影響を大きく受けるような方向で行われるとすれば、民主主義の基礎となる選挙の公正性への信頼も弱まることになる。政治不信の大きな要因を作るものである。

二　宗教勢力による現代政治への関与

創価学会の政治関与への批判

統一教会と政治家の連携のあり方を右派的な理念や政策課題に基づく連携と、主に選挙で効力をもつ政治家や政治党派の利益と宗教集団の個別利益による連携という二つの様態に分けて考えてきた。ここからは、これを日本のその他の宗教勢力にも広げて考えていきたい。

まず、主に選挙で効力をもつ政治家の求める利益と宗教集団の利益という点では、創価学会・公明党と自民党との連携が注目される[島田、二〇一四、中北、二〇一九、中野、二〇一六]。公明党の支持者の大多数は創価学会メンバーとその関係者であるから、小選挙区制のもとでの国政における自公連立は、創価学会と自民党との連携と見て良い。一九九九年に自公連立政権が成立するまでは、自民党は公明党と創価学会の関係が政教分離に反するとして、しばしば創価学会の池田大作名誉会長の国会招致を求めるなど、宗教団体の政治関与について警戒的な立場を取る傾向があった。ところが、自公連立の成立以後は、自民党からそのような批判が聞かれることはほぼなくなった。

他方、創価学会は選挙運動への関わりをますます強め、選挙で公明党が「勝利」することを宗教的な意義の深いことと捉えている。その結果、公明党の党勢と創価学会の宗教集団としての成功が重ね合わせられ、宗教集団の個別利益の追求が優先されているとの認識が広がっている。公明党は国政においても独自の政策を提示し、それを支持する人々の得票を得ているのであり、創価学会のメンバーは選挙の結果をそれらの政策を掲げる政党に対する支持なのだと主張する。だが、相当の割合の国民は公明党は創価学会の個別利益の追求にそって動く政党だとの懸念を抱いている。

この認識は、二〇〇〇年代に入って公明党が、自民党が打ち出す自衛隊の海外派兵や集団的自衛権の容認に追随する過程で深まっていった。二〇一四年の七月一日に安倍首相が集団的自衛権の行使容認の閣議決定をしたとき、公明党はこれに従った。七月三日の『東京新聞』は、共同通信社による世論調査の結果をこう紹介している。「集団的自衛権の行使容認に慎重だった公明党が最終的に行使容認へ転じたことについて支持層の四九・〇％が「納得できない」と答え、「納得できる」の四二・四％を上回った」。首相が政府、与党に検討を指示してから約一カ月半で行使容認が閣議決定されたことについて、公明党支持層の七九・九％は「検討が十分に尽くされていない」と回答しているという［島薗、二〇一四、一一〇頁］。

相互の個別利益に基づく連携

この記事は、「党執行部は「集団的自衛権行使の範囲は極めて限定的だ」として理解を求めているが、支持者らの根強い不満が明らかになった」としている。これは妥当な評価だろう。これとは別に創価学会の広報室のコメントも掲載されている。「公明党が、憲法九条の平和主義を堅持するために努力したことは理解しています」というのだが、これは十分に納得できるものではないとの意見が会内で大きいことを匂わせるものだ。また、「私どもとしては、今後、国民への説明責任が十分果たされるとともに、法整備をはじめ国会審議を通して、平和国家として専守防衛が貫かれることを望みます」との見解も示したという。

だが、「国民への説明責任」といっても納得できるような説明ができるものだろうか。同じ世論調査では、公明党の姿勢転換について、野党支持層の大多数が「納得できない」と答えたという。民主党は八〇・四%、日本維新の会は八三・八%、みんなの党は八〇・〇%、共産党は九四・二%である。七月一日の『朝日新聞』は、「公明が結党の理念を損ねてまで、自民と同一歩調を取らざるをえないのは、関係の深化が後戻りできないところまで進んでいるからだ」と述べている〔同前、一〇―一一頁〕。創価学会・公明党と自民党の組織利益が重視されることで、世論が十分に反映されないような政治過程が進んでしまったと見なす国民は少なくなかった。

宗教勢力は多くの場合、結束力が強く、一般国民が築こうとする相互協力関係よりも格段に強い組織的行動力を示すことができる。創価学会はとくにそうした結束力と組織的行動力が目立つ教団である。団体メンバーのなかで公明党の政策に反対する者が、創価学会執行部を批判するとつまはじきにあうことが多い。また、世論調査での創価学会や公明党の支持者はおよそ三〜四％である。しかし、国政選挙では公明党は一〇〜一五％を得票する。自民党はそのことを承知で創価学会票を利用しようとし、創価学会・公明党はそれによってその組織の利益を得ようとする。だが、それによって世論を反映した政治からは遠ざかっていく。また、そのように見なされることで、民主主義への失望が広まる。公共空間と宗教の関わりとして創価学会・公明党が問題含みというのは以上のような観点からである。

政治家や政治党派の利益と宗教集団の個別利益による連携ということでは、統一教会と創価学会ではだいぶその性格が異なるが、相通じる側面がないわけではない。民主主義に対する不信感と宗教に対する不信感の双方につながるものであり、開かれたものという特徴をもつはずの公共空間を閉塞させる方向に作用しかねないものである。

右派的理念や政策課題による連携

統一教会と政治家の連携のあり方のもう一つの側面、すなわち右派的な理念や政策課題に基づく連携という点では、神社本庁や日本会議に属する教団と政治家との関係が類似したものである。一例をあげよう。一九六八年に設立された統一教会系の政治団体、国際勝共連合の渡辺芳雄副会長の発言を二〇一七年四月にウェブ上に掲載した動画だが、これは自民党が二〇一二年に定めた憲法改正案と相通じるものであることが指摘されている（『毎日新聞』二〇二三年八月九日付）。

渡辺副会長は改憲の優先順位として一つ目に「緊急事態条項の新設」を掲げ、大地震を例にあげて「政府の権限を強化して、所有権を一時的に制限したり、食料や燃料の価格などをしっかり規制したりして命を守る」としている。また、勝共連合系の雑誌『世界思想』二〇二一年五月号では、緊急事態条項の対象を「戦争や災害など」としているが、自民党の改憲草案では、外部からの武力攻撃や内乱、大規模災害などの際、法律と同じ効力を持つ政令を内閣が制定でき、国や公の機関の指示に「何人も従わなければならない」としている。

また、同じ動画のなかで、渡辺副会長は、優先順位の二つ目として「家族保護の文言追加」を掲げ、「これがなければ、自然かつ基礎的単位になり得ない同性婚が広がっていく」と強調している。自民草案には「家族は、社会の自然かつ基礎的な単位として、尊重される」とあるので、これも一致度が高い。さらに優先順位の三つ目として「自衛隊の明記」があげられ、「なぜ自衛隊が存在していいのか、根拠となる言葉が一つもない」として「自衛軍」か「国防軍」を明記すべきだと主張している。これも「国防軍」を明記した自民草案との一致が見られる。

日本会議とその右派的理念や政策課題

このように右派的な理念やアジェンダが自民党、とりわけ自民党の右派勢力と一致しているという特徴は、神道政治連盟や日本会議と重なり合っている[島薗、二〇二一b]。日本会議は右派系の宗教団体が集まって一九七四年に設立された「日本を守る会」と、財界、政界、学界、宗教界などの代表が結集して一九八一年に設立された「日本を守る国民会議」の二つの団体が合流する形で一九九七年に設立された。この日本会議には神社本庁が深く関わっているが、その他にも新宗教系の団体が多く関わっている。解脱会、国柱会、霊友会、崇教真光、モラロジー研究所、倫理研究所、キリストの幕屋、仏所護念会、念法真教、新生佛教教団、オイスカ・インターナショナル、三五教(あななない)等である。日本会議設立のとき、日本会議国会議員懇談会も設立されている。二〇〇七年には衆参両院で二二五人を数えたが、二〇一六年時点では二八〇人前後だという[青木、二〇一六、四六頁]。

日本会議の公式ホームページでは「美しい日本の再建と誇りある国づくりのために、政策提言と国民運動を行っている民間団体です」と述べている。そして、以下の文章が続く[島薗、二〇二一b、二七一―二七二頁]。

私達「日本会議」は、前身団体である「日本を守る国民会議」と「日本を守る会」とが統合し、平成九年五月三〇日に設立された全国に草の根ネットワークをもつ国民運動団体です。

私達の国民運動は、これまでに、明治・大正・昭和の元号法制化の実現、昭和天皇御在位六〇年や今上陛下の御即位などの皇室のご慶事をお祝いする奉祝運動、教育の正常化や歴史教科書の編纂事業、終戦五〇年に際しての戦没者追悼行事やアジア共生の祭典の開催、自衛隊ＰＫＯ活動への支援、伝統に基づく国家理念を提唱した新憲法の提唱など、三十有余年にわたり正しい日本の進路を求めて力強い国民運動を全国において展開してきました。

今日、日本は、混迷する政治、荒廃する教育、欠落する危機管理など多くの問題を抱え、前途多難な時を迎えています。私達「日本会議」は、美しい日本を守り伝えるため、「誇りある国づくりを」を合言葉に、提言し行動します。

また、私達の新しい国民運動に呼応して、国会においては超党派による「日本会議国会議員懇談会」が設立されています。私達は、美しい日本の再建をめざし、国会議員の皆さんとともに全国津々浦々で草の根国民運動を展開します。皆様のご声援をよろしくお願いします。

神道政治連盟の理念と政策課題

一方、神道政治連盟は宗教法人である神社本庁が政治活動を行う組織として別に設立したもので、一九六九年一一月八日に設立発起人総会が開催されている。その時、合意された「宣言綱領」は以下のようなものである［島薗、二〇二一b、二八一―二八二頁］。

宣言

わが日本国の現状は、内外にまことに憂念禁じ難きものあり、よってこの際、神道の精神を以て志を同じうする者相はかり、民族の道統を基調とする国政の基礎を固め、且つその姿勢を匡(ただ)さんがため、ここに神道政治連盟を創立し、次の綱領五ケ条の実現を期する。

綱領

一、神道の精神を以て日本国国政の基礎を確立せんことを期す。
一、神意を奉じて、経済繁栄、社会公共福祉の発展をはかり、安国の建設を期す。
一、日本国固有の文化伝統を護持し、海外文化との交流を盛にし、雄渾なる日本文化の創造的発展につとめ、もって健全なる国民教育の確立を期す。
一、世界列国との友好親善を深めると共に、時代の弊風を一洗し、自主独立の民族意識の昂揚を期す。

一、建国の精神を以て無秩序なる社会的混乱の克服を期す。

青木理の『日本会議の正体』や『しんぶん赤旗』(二〇一六年九月七日付)によれば、第三次安倍第二次改造内閣(二〇一六年八月～二〇一七年八月)では、閣僚二〇人のうち一七人が神道政治連盟の関連団体である神政連国会議員懇談会に名を連ねている。その前の第三次安倍第一次改造内閣(二〇一五年一〇月～二〇一六年八月)では一九人が加入していた。一方、神政連国会議員懇談会のメンバーである国会議員は、衆議院で二二三人、参議院で八一人、衆参両院合わせて三〇四人である。国会議員全体(七一七人)の約四割であって、これには自民党以外の議員も加わっている。これらの数字はいずれも日本会議より大きい。

自民党右派と神道政治連盟や日本会議関係団体は、日本の社会がこうあるべきだという理念や政策課題において共有するものが多い。そして、それらは統一教会が自民党の右派と重なり合うところとも多くは一致する。しかし、神社本庁や日本会議関係団体には広くみられるが、統一教会にはそれほど目立たない要素がある。それは神道や天皇・皇室を尊び、それを日本国家の基軸にすべきだという主張である。統一教会の右派的理念や政策課題では、基本的自由や個々人の自由よりも国家統合を重んじること、また、伝統的な男性優位の家族秩序を尊ぶことが強調されている。「反共」「勝共」ということの意味も国家の権威や伝統的家族の上下関係を尊ぶ秩序感からの、個人の自由と平等な参加を尊ぶ価値観への反対という意味をもつものと捉えることができるだろう。

自民党憲法改正草案と右派宗教団体

神道政治連盟や日本会議関係団体と統一教会とは以上のようにいくらかの違いはあるが、右派的理念や政策課題を支持する勢力として、自民党の右派と連携することが多かった。そして、この政治的・宗教的な右派的立場の諸勢力は連携しつつ、国家が聖なる価値をもち、そのもとに国民が一致団結することを求める方向での政策課題とともに、靖国神社崇敬や天皇・皇室崇敬を強める方向での政策課題を追求することになる。日本国憲法第二〇条については序章で示したが、二〇一二年に提示された自民党の憲法改正草案では、第二〇条が次のようになっている。

第二〇条　信教の自由は、保障する。国は、いかなる宗教団体に対しても、特権を与えてはならない。

2　何人も、宗教上の行為、祝典、儀式又は行事に参加することを強制されない。

3　国及び地方自治体その他の公共団体は、特定の宗教のための教育その他の宗教的活動をしてはならない。ただし、社会的儀礼又は習俗的行為の範囲を超えないものについては、この限りでない。

現行憲法の第二〇条では、「何人に対してもこれを保障する」と書いてあるのを、自民党改正草案では単に「保障する」としている。また、続いて「政治上の権力を行使してはならない」とあるのが削除されている。また3では、「ただし」以下の規定を入れ、社会的儀礼または習俗的行為であれば、「宗教的活動」ともとれるような活動でも、国や自治体等の関与が許容されるという規定を入れている。これは大日本帝国憲法の下の戦前の体制では、皇室祭祀や神社祭祀は「祭祀」であって「宗教」ではないとし、国家が全面的に関与していた事態を思い起こさせる。神道を政教分離の例外とする可能性を含んだものである。

これによって靖国神社や伊勢神宮や皇室祭祀への国家関与を広げることができるようになる可能性がある。この第二〇条をめぐる改正案はここに狙いがあるという推測は十分、成り立つものである。神社本庁の戦後の活動はこの国家と神道の関係の回復という点に主眼が置かれていた[島薗、二〇二一b]。自民党の右派と神道政治連盟、日本会議関係団体、統一教会などの宗教団体は、日本国憲法における政教分離規定である第二〇条を改変することによって、国家と神道(神社祭祀や皇室祭祀を含む)の関係をいくらかでも戦前に近づけようという考え方に立っているとみてよいだろう。

三 「政治と宗教」問題の展開と公共空間の新たな危機

戦後の政教分離に対する揺り戻し

一九六〇年代頃までは、第二次世界大戦後の世界はますます世俗化が進行していくと捉えられ、政教分離は世界へ広がっていく近代社会の公準のように受け止められていた。日本国憲法はそうした世界の思想動向のなかで制定されている。

だが、信教の自由と政教分離は二〇世紀中葉の思想動向というよりも、もっと長い人類文化史の流れのなかにも位置づけることができるものだ。それは民主化と多元化による自由の拡充と人権の重視ということである。民主化とは、少数の権力階級による支配から多様な構成員が参加し、社会構成員を共同の意思決定から排除しないことを是とする社会への変化ということ、多元化とは多様な世界観、価値観の併存を認め、排除、抑圧しないことを是とする社会体制への変化ということである。

一八世紀末のフランス革命やアメリカ独立革命はその方向での進展の大きな転換点で、そこで立憲政治が成立し、信教の自由と特定宗教の特権的な地位を弱めて信教の自由を保障する政教分離への方向性が明確になった。二〇世紀中葉、とりわけ第二次世界大戦後の冷戦期は社会主義の影響が大きく世俗主義的な思想動向が強かったこともあり、政教分離を是とする思想動向が一段と強められた。しかし、一九七〇年代の末から、とりわけ冷戦終結後の一九九〇年代以降、世界各地で宗教復興勢力の政治的影響力の増大が目立つようになってくる。

一九七九年のイラン革命とイスラーム文明圏でのイスラーム復興、そしてイスラーム主義の興隆が起こり、キリスト教では米国を中心に福音派や根本主義者(ファンダメンタリスト)の台頭が著しく、中絶反対や進化論批判などが強く主張され、共和党のなかでの影響力を高めていく。インドでは政教分離を掲げる国民会議派にかわって、宗教性を基盤としたヒンドゥー文明を掲げるインド人民党の力が強まる。旧社会主義圏でも宗教復興の動向が進み、とくにロシアでは二〇〇〇年にプーチン政権が成立すると、ロシア正教会を優遇するとともに、経済力も含めて増大する正教会の力を政治的に利用する動きも強まっていった。

日本政治における宗教の影響の増大

日本の場合、国民の間で広く宗教復興が見られるかというとその兆候はあまり見られない。

宗教を信仰する人の数はここ数十年大きな変動はない。新宗教のなかで信徒数が増大したものと低減したものとはあるが、伝統仏教も新宗教も、またキリスト教も全体として勢力は後退していると見てよいだろう。だが、政治との関連で見ると、一九七〇年代以降、宗教の影響がさまざまな形で見えてくる機会が増えてきている。

政治との関係で話題となることが多い宗教団体や宗教関連団体として神社本庁と神道政治連盟、日本会議と日本会議に属する宗教団体（ある時期までの生長の家を含む）、そして創価学会と統一教会をあげることができる。これらの団体は、いくつかの点で現代日本の公共空間の危機的状況に関わっている。この終章でこれまで述べてきたことを、公共空間の危機という観点から二点に分けて整理しよう。

まず、国家と特定の宗教性との関係を強め、その宗教性を広く国民に及ぼそうとする傾向がある。これは国家神道が全国民の生活に浸透させられていった戦前の体制に近づこうとする動きと相通じるものだ。二〇一二年から二〇二〇年までの第二次安倍政権では、国家と伊勢神宮の関係を深めるような企てが何度か行われたことは序章で述べたとおりである。安倍政権の下では、神道政治連盟国会議員懇談会や日本会議国会議員懇談会に属する自民党議員が多く、とくに閣僚に多いことが注目された。これは、政権の主要与党である自民党と神社本庁や神道政治連盟、日本会議と日本会議に属する宗教団体、そして統一教会の間に、個人の人権よりも国家の権威を重んじる国家主義的な傾向を是とする方向での連携関係があることを示すものである。

それはまた、万世一系の天皇の下での日本国家の神聖さを説く神権的国体論［佐藤、二〇一五］と、神道儀礼を行う皇室と伊勢神宮を頂点とする神社神道を尊び、国民にそれへの同調を強いるような方向性をも含んでおり、それは二〇一二年の自民党の改憲草案に見えるとおりである。これはまた、潜在的に現行憲法の政教分離と信教の自由を脅かす可能性を含んでいる。神社本庁や神道政治連盟、日本会議と日本会議に属する宗教団体とともに統一教会もこの動向に関わっている。とくに近年では、家父長的な家族の重視と多様なジェンダーを制限する方向での統一教会の活動が自民党の政治家の間に影響を及ぼしていることが明らかになってきている。

政党・政治家と特定宗教教団の利益協同

次に、政党や政治家が特定宗教集団と連携することにより、特定宗教集団による人権侵害が容認されたり、特定宗教集団の利益が尊ばれる傾向があるとの批判が投げかけられてきている。

これについては、一九六〇年代末以来の創価学会と統一教会が目立つ例である。統一教会は一九六〇年代の早い段階から政界の有力者の支持と庇護を得たが、世界の各国ではできなかったような布教の成功を日本で実現できたのはそのことが関係していたと考えないわけにはいかない。日本からの巨額の献金が韓国本部と米国の活動拠点に送り届けられ、それが統一教会の世界的な勢力拡大の基盤となった。しかもそこには、エバ国家である日本がアダム国家である韓国に貢ぎ仕えるべきだとする教義的裏付けまで存在した。そのような体制が一九七〇年代から二〇二二年まで継続して来たことは驚くべきことである。

創価学会の場合は、一九六〇年代に公明党が結成された頃は野党であったが、宗教教団と一体の政党であるために、とりわけ選挙活動において支持者の数よりは格段に大きな成果をあげることになる。そして、それによって大きな政治力を持つことによって、公共空間における宗教のあり方として強い懸念を抱かれるようになった。一九六九年から七〇年にかけての言論出版妨害事件はそうした危うさを証明した形になって、創価学会と公明党の関係の見直しに至ったが、その後もこの懸念は続いた。

そして、一九九九年の自公連立政権の成立以後は、宗教団体が政権に参与することで利益を享受し、そのことで民主主義の基盤となるべき民意の反映と公衆の政治参加という点で問題があるのではないかとの批判を受け続けている。自公連立政権の成立後は、自民党から見ると宗教勢力を取り込むことによって、世論による支持に比しても、きわめて大きな政治力を発揮することができる。第二次安倍政権においては、世論調査などの結果を無視して、政策を押し通すような傾向が目立ったが、これは公明党との連立なしにはできないことと見られている。

一方、一九九〇年代の後半以降、とりわけ二〇一〇年代以降、統一教会も主に自民党の政治家との連携をこれまで以上に強めている。そしてこの時期はとくに選挙を念頭において、政治家の活動を支援することに力を入れてきている。創価学会と異なり統一教会が提供できる得票数は多くないが、政治活動や選挙運動で政治家の手足となって動くような人的資源の提供を行うとともに、政治家からの支援のメッセージ等を取り付け、信仰活動の支えとすることが追求されてきた。多くの政治家はそれを利用して、選挙運動や政治活動での便宜を得てきた。だが、それによって統一教会にお墨付きを与え、その結果、多大な人権侵害を容認し、違法伝道が指摘される教団への庇護を続けていることについて自覚することがなかった。

創価学会と統一教会ではだいぶ性格が異なるが、特定宗教団体と政党・政治家の利益共同が行われ、しばしば癒着やもたれ合いと批判されるような事態が展開してきた点では共通点がある。

民主主義への脅威と公共空間の危機

以上に述べてきたような一九六〇年代以降の「政治と宗教」の展開、とりわけ冷戦体制崩壊後、一九九〇年代以降の「政治と宗教」の新たな展開は、日本の状況が世界的な状況とも比較できるものであることを示している。

世界的には宗教改革以来、あるいは欧米諸国で立憲民主主義の政治体制が成立する一八世紀末以来、国教的な独占的権威をもつ特定宗教の公的な力を制限し、人権尊重が拡充していく方向で、政教分離、信教の自由が政治と宗教をめぐる主要な規範として機能してきた。これは、宗教にかわって科学的合理主義に基づく社会構成が進んでいく、大きな傾向としての世俗化の時代に合致した規範でもあった。日本でもすでに明治維新後、国家神道体制の下ではあるがいちおう信教の自由が受け入れられ、さらに第二次世界大戦後に占領軍統治下で国家神道の解体が宣せられ、日本国憲法が制定され、その第一九条、二〇条、八九条によって思想信条の自由、良心の自由、信教の自由、政教分離が規定され、広く国民に受け入れられ、根づいてきたと考えられてきた。

しかし、戦後の歴史は、ひたすら宗教が公的領域から撤退し、私事に関わるものに専念していくという方向へと展開したわけではない。世界的に宗教が新たに政治に関わり、影響力を増していくという動きもあり、冷戦後にそれは強化されて現在に至っている。これはホセ・カサノヴァが『近代世界の公共宗教』で「非私事化」とよんだ事態である。この終章では、これまで日本でもそのような動きがあったと見なし、神社本庁や神道政治連盟、日本会議と日本会議に属する宗教団体、統一教会、創価学会にその具体化を見てきた。

これらの動向は、非私事化のなかでも公共空間の活性化ではなく、むしろ閉塞をもたらす可能性をもつことが懸念されるものだ。しかし、カサノヴァは非私事化のもう一つの動向として、政教分離と多元的な世界観の併存を認め、さまざまな価値観や立場を排除することなく、共存しつつ共通善を求めていくような、宗教の公共空間への関与の方向があるとしている。ローマ・カトリック教会は一九六〇年代前半の第二ヴァチカン公会議によって、そのような方向への転換に踏み出し、それ以後の歴代の教皇はそのような方向性を支持し、強化するような方向で教会を指導してきている。日本の宗教においても、それと同じ方向性をもって公共空間に関与する宗教の動きがあり、一九七〇年前後から次第にその力を強めてきている［島薗、二〇〇三、島薗・磯前、二〇一四］。

四　公共空間における宗教の未来へ

国際的な公共宗教的活動

政教分離と多元的な世界観の併存を前提とし、公共空間に積極的に関与しようという日本宗教の動きにはずみをつけたものに、世界宗教者平和会議（ＷＣＲＰ／ＲｆＰ）がある（以下の記述は、島薗、二〇二二ａに基づく）。一九七〇年には、京都で世界宗教者平和会議の第一回世界大会が開催されている。この会議には海外のカトリック、プロテスタント、ユダヤ教などの人々とともに、日本の幅広い宗教団体の関係者が参加した。なかでも、大きな役割を果したのは、立正佼成会の庭野日敬と金光教泉尾教会の三宅歳雄だった。世界宗教者平和会議はその後、幅を広げ、イスラーム、ヒンドゥー教、シーク教のほか、北米ネイティブの宗教者なども参加し、世界の平和のための多くの活動に関わっており、たとえば二〇〇一年九月一一日の、米国同時多発テロの直後に、米国のアフガニスタンへの報復攻撃を慎むように声明を出している。

この団体は次第に支持基盤を広め、諸宗教の連携による平和運動の団体としては世界有数のものに発展していった。本部はニューヨークにあるが、日本の貢献は大きい。それは日本では、宗教・宗派を超えた連携が戦前から行われてきたことと関わりがある。世界宗教者平和会議の日本での牽引者となった立正佼成会はそれに先立って、ＰＬ教団の御木徳近らとともに一九五一年に新日本宗教団体連合会（新宗連）を立ち上げ宗教協力に力を入れ、それが平和運動を展開する際に、大きな力となることを経験してきた。新宗連は今日は教派神道連合会、全日本仏教会、日本キリスト教連合会、神社本庁とともに日本宗教連盟を構成している。互いに連携しながら、公共的な役割を果たすことに積極的に関わってきている。

二〇一七年には国連で核兵器禁止条約が採択された。そして、この条約案を形成し広めていく上で大きな役割を果たした核兵器廃絶国際キャンペーン（ＩＣＡＮ）はその年のノーベル平和賞を受賞した。このＩＣＡＮの活動には創価学会と世界宗教者平和会議の双方が協力し、条約の採択に貢献した。従来、創価学会と世界宗教者平和会議は、平和運動に関わっても同じ場に立つことがなかった。ところが、核兵器禁止条約をめぐっては両者が協力する立場になり、宗教界が幅広い協力体制を取る方向性が一段と進展することになった。

序章でもふれたが、二〇一九年に上智大学で行われたシンポジウム「平和、非核、人類文明の未来――宗教者・研究者による対話」はカトリックの上智大学がイニシアティブをとり、ＩＣＡＮの主要メンバーを招いて行われた。これは、創価学会と立正佼成会の教団幹部のパネリストが同じ場で討議する初めての機会となった。この年の秋にはローマ教皇フランシスコが来日した。カトリック教会は平和や持続可能な世界を求める公共宗教としての性格を強めているが、日本においても核廃絶の問題が、公共空間におけるその影響力を発揮する機会となった［上智学院カトリック・イエズス会センター、島薗、二〇二〇］。

国内での公共宗教的活動

宗教教団が平和運動や社会活動に積極的に関わる例は、一九七〇年代以降、増えてきている。キリスト教系では、一九七三年、鶴川学院農村伝道神学校（東京都町田市）の東南アジア科を母体として始まり、現在は栃木県の那須に大きな施設をもって農業関係の人材養成に取り組んでいるアジア学院がある。仏教系では一九八〇年に設立されたシャンティ国際ボランティア会がある。これは曹洞宗僧侶、有馬実成のリーダーシップで曹洞宗東南アジア難民救済会議として始められたもので、現在は主に東南アジア諸国で子どもの福祉や教育のための支援活動に取り組んでいる。同様の団体に一九九三年に設立され、仏教諸宗派の人々の貢献が大きいアーユス仏教国際ネットワークがある。

これらは国際的な広がりをもったものであるが、具体的な催しや活動に関与している宗教集団の人々はさほど多くないことは確かである。国内で平和や教育や福祉の活動に携わる宗教団体や宗教関係者は、一九八〇年代以降、次第に増大していった。これは一定程度の経済的な豊かさが広がってきて支援活動に携わるモチベーションが広がってきたこと、一九八〇年代半ば以降、福祉国家の理念が後退し、「小さな政府」を掲げる新自由主義的な体制に移行し、格差が拡大し社会的に孤立する人が増えてきたことなどによるものだろう。

戦争責任を問うたり、核実験反対運動にコミットしたり、靖国神社国家護持に反対する運動に関わったりする宗教者や宗教団体も長く活動を続けてきている。いくつかの宗教教団は戦後、早くから世界連邦運動に関わってきているが、大本はとくに積極的である。大本はまた海外の宗教勢力との連携にも力を入れる一方、脳死による臓器移植に反対するなど、生命倫理問題でも積極的に発言してきている。真宗大谷派は死刑廃止運動にコミットするとともに、原発問題にも積極的に関わってきている。脳死・臓器移植問題と原発問題は日本社会では多くの人々が関心をもった論題となり、宗教界もその社会倫理的な立場を問われることになった。

いくつかの伝統仏教教団は差別問題や環境問題にも取り組んできている。また、戦時下の戦争協力やそれ以前の国家主義的姿勢に対して、その検証を積極的に行っている教団もキリスト教、伝統仏教では一定数、見られる。他方、ジェンダー問題に対する取り組みという点では、取り組みが進んでいる教団は少ない。女性の研究者からの厳しい批判がなされる所以である[川橋、二〇一二]。

おわりに

現代日本においては、たいへん活発な公共宗教的政治関与が行われているとは言えないが、かなり広い範囲に及んでおり、徐々にではあるがその参加者も増加しつつあると言って良いだろう。

なお、公共領域における宗教のプレゼンスは政治においてのみ見られるのではない。社会福祉的な領域の公共空間での宗教の活動は、一九七〇年代以来、次第に活性化してきている。二〇一〇年代以降、地域社会の諸問題への関与、貧困者支援、自死念慮者や自死遺族の支援、スピリチュアルケアやグリーフケアなどに取り組む例が、仏教、キリスト教、神道、新宗教等に広がってきている。また、医療関係者が、マインドフルネスなどスピリチュアリティに関心をもつ例も増えている。二〇一一年三月一一日の東日本大震災は、こうした傾向を見えやすくしたようだ[稲場・黒崎、二〇一三]。

行政も公共的な支援への宗教団体や宗教関係者の関与を遠ざけるのではなく、利害関係にならぬような形での協力関係を形作ることを歓迎するような姿勢をもつようになってきている。二〇一〇年代に子ども食堂が活性化してきたが、宗教集団が開く例も増えてきていることも注目される。防災活動などは、行政側と宗教界の協働関係が顕著に進んでいる例である。

こうした動向は、政治的な面も含めて公共空間と宗教との関わりが、宗教の自立性を重んじながら、公共の福利を尊ぶ方向で展開する可能性を顕在化させている。本書では公共空間における宗教の機能が好ましくない方向に展開することが憂慮しつつ論じられているが、そうでない側面もあることを記しておきたい。

付記：この終章では、拙稿「総論——信仰共同体への帰属を超えた宗教性のゆくえ」『近代日本宗教史 第6巻 模索する現代』(島薗進・末木文美士・大谷栄一・西村明編、春秋社、二〇二一年)の一部を用いている。

参考文献

青木理『日本会議の正体』平凡社新書、二〇一六年。

稲場圭信・黒崎浩行編著『叢書 宗教とソーシャル・キャピタル4　震災復興と宗教』明石書店、二〇一三年。

ホセ・カサノヴァ『近代世界の公共宗教』津城寛文訳、玉川大学出版部、一九九七年（ちくま学芸文庫、二〇二一年）。

加藤明子・宮原健太「「勝共連合」と自民、改憲草案に多くの一致点　今後の論議に影響か」『毎日新聞』二〇二二年八月八日号。

川橋範子『妻帯仏教の民族誌――ジェンダー宗教学からのアプローチ』人文書院、二〇一二年。

佐藤幸治『立憲主義について――成立過程と現代』左右社、二〇一五年。

島薗進「総説　宗教の戦後体制――前進する主体、和合による平和」、小森陽一・酒井直樹・島薗進・千野香織・成田龍一・吉見俊哉編『岩波講座　近代日本の文化史10　問われる歴史と主体　1955以後2』岩波書店、二〇〇三年。

――「創価学会と公明党の「宗教と公共空間」」『UP』五〇三号、二〇一四年九月。

――「総論――信仰共同体への帰属を超えた宗教性のゆくえ」『近代日本宗教史 第6巻　模索する現代』島薗進・末木文美士・大谷栄一・西村明編、春秋社、二〇二一年a。

――『戦後日本と国家神道――天皇崇敬をめぐる宗教と政治』岩波書店、二〇二一年b。

島薗進・磯前順一編『宗教と公共空間――見直される宗教の役割』東京大学出版会、二〇一四年。

島田裕巳『創価学会と公明党――ふたつの組織は本当に一体なのか』宝島社、二〇一四年。

上智学院カトリック・イエズス会センター、島薗進編『核廃絶　諸宗教と文明の対話』岩波書店、二〇二〇年。

中北浩爾『自公政権とは何か――「連立」にみる強さの正体』ちくま新書、二〇一九年。

中野潤『創価学会・公明党の研究――自公連立政権の内在論理』岩波書店、二〇一六年。

あとがき

本書は、二〇二二年七月八日に起こった安倍晋三元首相の殺害事件以後、犯人の恨みの対象となった統一教会と政治の関係が浮き彫りになったことを契機に、現代における「政治と宗教」の問題を「公共空間の危機」という視点から捉えて考察したものである。政党・政治家と統一教会の結びつきがもたらしてきた人権侵害や違法行為の放任が考察の手がかりとなった。だが、その背後には統一教会に限らず、さまざまな宗教勢力の政治関与があり、政党・政治家の宗教利用・宗教支援の実態がある。そのような政治と宗教の結びつきは、日本国憲法が規定する政教分離規範とどう関わるのであろうか。そこにこそ現代日本の公共空間の危機の一端が見られるだろう。

政教分離が前提とされる立憲政治体制において、宗教の政治関与、政治の宗教制御がどのようになされているのか、捉え直す必要がある。公共空間が保障する多数性や、そもそもが開かれた場であるという公共空間の本質に対することで、宗教が公的領域から撤退し、私事に関わるものに専念していく方向がある一方で、かつての世俗主義が強かった時代には予想できなかったような形で、宗教の政治関与が進んできている。ホセ・カサノヴァのいう宗教の「非私事化」であるが（終章参照）、それは必ずしも楽観的に受け止めうるものではない。新たに宗教が公共空間の閉塞や、ひいては危機をもたらす恐れも生じている。政治による宗教制御、宗教の公共空間への関与のあり方があらためて問われていると言える。

本書は、一九六〇年代以後の日本の状況を主たる関心事としているが、政教分離を考える際に有力な先例と見なされることが多かった米国とフランスの事例を取り上げ、考察の視界を広げている。どちらかといえば、宗教に友好的な米国モデルと、宗教に警戒的なフランスモデルを見渡しながら、政教分離をめぐる日本の状況を考え直すという枠組みで構成されている。本書全体でもそうだが、取り上げられているのは「カルト（セクト）」問題だけではない。宗教右派や、政治的右派の背後にある宗教性も問われているし、創価学会のように右派とは言えない宗教政治勢力の公共性も問われている。

本書はまた、民主主義の閉塞や政治の劣化、あるいは「力の政治」の台頭と宗教的政治勢力との関係についても問うている。政党や政治家が権威主義的な傾向を強めているという現在の状況があり、そこに宗教の権威主義的な側面が利用されている、あるいは貢献していると見なしうる。冷戦体制崩壊以後の、新自由主義的な政治経済の動向も反映しているだろう。「政治と宗教」に関心をもつ共著者たちの問題意識には、そのような事態への懸念も含まれている。

本書の企画は岩波新書編集部から編者に相談があったところから始まり、編者の問題意識は上記のように整理できる。編者のよびかけに応じて執筆いただいた執筆者諸氏の視点はそれぞれ異なり、独自の問題意識からの考察がなされている。上記の整理はあくまで編者個人のものであることをお断りしておきたい。本書は「緊急出版」ではあるが、それぞれの執筆者の「政治と宗教」問題への取り組みは長期にわたって続けられてきたものである。読者には、それ故にこそ、本書が立体的複眼的な構成になっていることをご理解いただければ幸いである。

二〇二二年一二月

島薗　進

執筆者紹介

中野昌宏(なかの まさひろ)

1968年生. 青山学院大学教授. 社会思想史専攻. 著書に『貨幣と精神――生成する構造の謎』(ナカニシヤ出版, 2006年)『グローバル化と日本の経済・社会』(共著, ミネルヴァ書房, 2003年)ほか.

中野 毅(なかの つよし)

1947年生. 創価大学名誉教授. 宗教社会学・比較文化論専攻. 著書に『宗教の復権――グローバリゼーション・カルト論争・ナショナリズム』(東京堂出版, 2002年)『戦後日本の宗教と政治』(大明堂, 2003年. 原書房から再版, 2004年)『占領改革と宗教』(共編著, 専修大学出版局, 2022年)ほか.

伊達聖伸(だて きよのぶ)

1975年生. 東京大学教授. フランス文化・宗教学専攻. 著書に『ライシテ, 道徳, 宗教学――もうひとつの19世紀フランス宗教史』(勁草書房, 2010年)『ライシテから読む現代フランス――政治と宗教のいま』(岩波新書, 2018年)ほか.

佐藤清子(さとう せいこ)

東京大学大学院人文社会系研究科助教. 宗教学・アメリカ宗教史専攻. 著書に『「いま」を考えるアメリカ史』(共著, ミネルヴァ書房, 2022年)ほか.

島薗 進

1948年生まれ.
東京大学大学院人文科学研究科博士課程単位取得退学.
専攻－宗教学，近代日本宗教史，死生学.
現在－東京大学名誉教授，大正大学客員教授.
著書－『国家神道と日本人』(岩波新書，2010年)
『新宗教を問う――近代日本人と救いの信仰』(ちくま新書，2020年)
『戦後日本と国家神道――天皇崇敬をめぐる宗教と政治』(岩波書店，2021年)
『いまを生きるための宗教学』(共編著，丸善出版，2022年)
『日本仏教の社会倫理――正法を生きる』(岩波現代文庫，2022年) ほか

政治と宗教―統一教会問題と危機に直面する公共空間
岩波新書(新赤版)1957

2023年1月20日　第1刷発行

編　者　島薗 進（しまぞの すすむ）

発行者　坂本政謙

発行所　株式会社 岩波書店
〒101-8002 東京都千代田区一ツ橋2-5-5
案内 03-5210-4000　営業部 03-5210-4111
https://www.iwanami.co.jp/

新書編集部 03-5210-4054
https://www.iwanami.co.jp/sin/

印刷製本・法令印刷　カバー・半七印刷

ISBN 978-4-00-431957-3　　Printed in Japan

岩波新書新赤版一〇〇〇点に際して

ひとつの時代が終わったと言われて久しい。だが、その先にいかなる時代を展望するのか、私たちはその輪郭すら描きえていない。二〇世紀から持ち越した課題の多くは、未だ解決の緒を見つけることのできないままであり、二一世紀が新たに招きよせた問題も少なくない。グローバル資本主義の浸透、憎悪の連鎖、暴力の応酬――世界は混沌として深い不安の只中にある。

現代社会においては変化が常態となり、速さと新しさに絶対的な価値が与えられた。消費社会の深化と情報技術の革命は、種々の境界を無くし、人々の生活やコミュニケーションの様式を根底から変容させてきた。ライフスタイルは多様化し、一面では個人の生き方をそれぞれが選びとる時代が始まっている。同時に、新たな格差が生まれ、様々な次元での亀裂や分断が深まっている。社会や歴史に対する意識が揺らぎ、普遍的な理念に対する根本的な懐疑や、現実を変えることへの無力感がひそかに根を張りつつある。そして生きることに誰もが困難を覚える時代が到来している。

しかし、日常生活のそれぞれの場で、自由と民主主義を獲得し実践することを通じて、私たち自身がそうした閉塞を乗り超え、希望の時代の幕開けを告げてゆくことは不可能ではあるまい。そのために、いま求められていること――それは、個と個の間で開かれた対話を積み重ねながら、人間らしく生きることの条件について一人ひとりが粘り強く思考することではないか。その営みの糧となるものが、教養に外ならないと私たちは考える。歴史とは何か、よく生きるとはいかなることか、世界そして人間はどこへ向かうべきなのか――こうした根源的な問いとの格闘が、文化と知の厚みを作り出し、個人と社会を支える基盤としての教養となった。まさにそのような教養への道案内こそ、岩波新書が創刊以来、追求してきたことである。

岩波新書は、日中戦争下の一九三八年一一月に赤版として創刊された。創刊の辞は、道義の精神に則らない日本の行動を憂慮し、批判的精神と良心的行動の欠如を戒めつつ、現代人の現代的教養を刊行の目的とする、と謳っている。以後、青版、黄版、新赤版と装いを改めながら、合計二五〇〇点余りを世に問うてきた。そして、いままた新赤版が一〇〇〇点を迎えたのを機に、人間の理性と良心への信頼を再確認し、それに裏打ちされた文化を培っていく決意を込めて、新しい装丁のもとに再出発したいと思う。一冊一冊から吹き出す新風が一人でも多くの読者の許に届くこと、そして希望ある時代への想像力を豊かにかき立てることを切に願う。

（二〇〇六年四月）

岩波新書より

政治

- 「オピニオン」の政治思想史 — 堤林剣・堤林恵
- 戦後政治史〔第四版〕 — 石川真澄・山口二郎
- 尊厳 — マイケル・ローゼン／内尾太一・峯陽一 訳
- デモクラシーの整理法 — 空井護
- 地方の論理 — 小磯修二
- SDGs — 南博・稲場雅紀
- 暴君 — スティーブン・グリーンブラット／河合祥一郎 訳
- ドキュメント 強権の経済政策 — 軽部謙介
- リベラル・デモクラシーの現在 — 樋口陽一
- 民主主義は終わるのか — 山口二郎
- 女性のいない民主主義 — 前田健太郎
- 平成の終焉 — 原武史
- 日米安保体制史 — 吉次公介
- 官僚たちのアベノミクス — 軽部謙介

- 在日米軍 変貌する日米安保体制 — 梅林宏道
- 矢内原忠雄 戦争と知識人の使命 — 赤江達也
- 憲法改正とは何だろうか — 高見勝利
- 共生保障〈支え合い〉の戦略 — 宮本太郎
- シルバー・デモクラシー 戦後世代の覚悟と責任 — 寺島実郎
- 憲法と政治 — 青井未帆
- 18歳からの民主主義◆ — 岩波新書編集部 編
- 検証 安倍イズム — 柿崎明二
- 右傾化する日本政治 — 中野晃一
- 外交ドキュメント 歴史認識◆ — 服部龍二
- 日米〈核〉同盟 原爆、核の傘、フクシマ — 太田昌克
- 集団的自衛権と安全保障 — 豊下楢彦・古関彰一
- 日本は戦争をするのか — 半田滋
- アジア力の世紀 — 進藤榮一
- 民族紛争 — 月村太郎
- 自治体のエネルギー戦略 — 大野輝之
- 政治的思考 — 杉田敦

- 現代日本の政党デモクラシー — 中北浩爾
- サイバー時代の戦争 — 谷口長世
- 現代中国の政治 — 唐亮
- 政権交代とは何だったのか◆ — 山口二郎
- 日本の国会 — 大山礼子
- 戦後政治史〔第三版〕 — 石川真澄・山口二郎
- 〈私〉時代のデモクラシー — 宇野重規
- 大臣〔増補版〕 — 菅直人
- 生活保障 排除しない社会へ — 宮本太郎
- 「戦地」派遣 変わる自衛隊 — 半田滋
- 民族とネイション — 塩川伸明
- 昭和天皇 — 原武史
- 集団的自衛権とは何か — 豊下楢彦
- 沖縄密約 — 西山太吉
- 吉田茂 — 原彬久
- 市民の政治学◆ — 篠原一
- 東京都政 — 佐々木信夫
- 有事法制批判 — 憲法再生フォーラム 編

岩波新書より

宗教

- 最澄と徳一 仏教史上最大の対決　師 茂樹
- ブッダが説いた幸せな生き方　今枝由郎
- ヒンドゥー教10講　赤松明彦
- 東アジア仏教史　石井公成
- ユダヤ人とユダヤ教　市川 裕
- 初期仏教 ブッダの思想をたどる　馬場紀寿
- 内村鑑三 悲しみの使徒　若松英輔
- トマス・アクィナス 理性と神秘　山本芳久
- アウグスティヌス 「心」の哲学者　出村和彦
- パウロ 十字架の使徒　青野太潮
- 弘法大師空海と出会う　川﨑一洋
- 高野山　松長有慶
- マルティン・ルター　徳善義和
- 教科書の中の宗教　藤原聖子
- 『教行信証』を読む 親鸞の世界へ　山折哲雄
- 国家神道と日本人　島薗 進
- 聖書の読み方　大貫 隆
- 親鸞をよむ◆　山折哲雄
- 日本宗教史　末木文美士
- 法華経入門　菅野博史
- 中世神話　山本ひろ子
- イスラム教入門　中村廣治郎
- ジャンヌ・ダルクと蓮如　大谷暢順
- 蓮如　五木寛之
- キリスト教と笑い　宮田光雄
- 密教　松長有慶
- 仏教入門　三枝充悳
- モーセ　浅野順一
- 日本の新興宗教　高木宏夫
- イスラーム(回教)　蒲生礼一
- 背教者の系譜　武田清子
- 聖書入門　小塩 力
- イエスとその時代　荒井 献
- 慰霊と招魂　村上重良
- 国家神道　村上重良
- お経の話　渡辺照宏
- 死後の世界　渡辺照宏
- 日本の仏教　渡辺照宏
- 仏教〔第二版〕　渡辺照宏
- 禅と日本文化　鈴木大拙 北川桃雄訳

◆は品切，電子書籍版あり．

岩波新書より

法律

少年法入門	廣瀬健二
倒産法入門	伊藤眞
国際人権入門	申惠丰
AIの時代と法	小塚荘一郎
労働法入門〔新版〕	水町勇一郎
アメリカ人のみた日本の死刑	デイビッド・T・ジョンソン 笹倉香奈訳
虚偽自白を読み解く	浜田寿美男
親権と子ども	榊原富士子 池田清貴
裁判の非情と人情	原田國男
独占禁止法〔新版〕	村上政博
密着 最高裁のしごと	川名壮志
「法の支配」とは何か 行政法入門	大浜啓吉
会社法入門〔新版〕	神田秀樹
憲法への招待〔新版〕	渋谷秀樹
比較のなかの改憲論	辻村みよ子
大災害と法	津久井進
変革期の地方自治法	兼子仁
原発訴訟	海渡雄一
民法改正を考える◆	大村敦志
労働法入門◆	水町勇一郎
人が人を裁くということ	小坂井敏晶
知的財産法入門	小泉直樹
消費者の権利〔新版〕	正田彬
司法官僚 裁判所の権力者たち	新藤宗幸
名誉毀損	山田隆司
刑法入門	山口厚
家族と法	二宮周平
会社法入門◆	神田秀樹
憲法とは何か	長谷部恭男
良心の自由と子どもたち	西原博史
著作権の考え方	岡本薫
法とは何か〔新版〕	渡辺洋三
日本の憲法〔第三版〕	長谷川正安
憲法と天皇制	横田耕一
自由と国家	樋口陽一
憲法第九条	小林直樹
日本人の法意識	川島武宜
憲法講話◆	宮沢俊義

(2021.10)

◆は品切，電子書籍版あり．(B)

岩波新書より

哲学・思想

- 死者と霊性 — 末木文美士編
- 道教思想10講 — 神塚淑子
- マックス・ヴェーバー — 今野元
- 新実存主義 — マルクス・ガブリエル 廣瀬覚訳
- 日本思想史 — 末木文美士
- ミシェル・フーコー — 慎改康之
- ヴァルター・ベンヤミン — 柿木伸之
- モンテーニュ 人生を旅するための7章 — 宮下志朗
- マキァヴェッリ — 鹿子生浩輝
- 世界史の実験 — 柄谷行人
- ルイ・アルチュセール — 市田良彦
- 異端の時代 — 森本あんり
- ジョン・ロック — 加藤節
- インド哲学10講 — 赤松明彦
- マルクス 資本論の哲学 — 熊野純彦
- 日本文化をよむ 5つのキーワード — 藤田正勝
- 中国近代の思想文化史 — 坂元ひろ子
- 憲法の無意識 — 柄谷行人
- ホッブズ リヴァイアサンの哲学者 — 田中浩
- プラトンとの哲学 対話篇をよむ — 納富信留
- 〈運ぶヒト〉の人類学 — 川田順造
- 哲学の使い方 — 鷲田清一
- ヘーゲルとその時代 — 権左武志
- 人類哲学序説 — 梅原猛
- 加藤周一 — 海老坂武
- 哲学のヒント — 藤田正勝
- 空海と日本思想◆ — 篠原資明
- 論語入門 — 井波律子
- トクヴィル 現代へのまなざし — 富永茂樹
- 和辻哲郎 — 熊野純彦
- 現代思想の断層 — 徳永恂
- 宮本武蔵 — 魚住孝至
- 西田幾多郎 — 藤田正勝
- 丸山眞男 — 苅部直
- 西洋哲学史 近代から現代へ — 熊野純彦
- 西洋哲学史 古代から中世へ — 熊野純彦
- 世界共和国へ — 柄谷行人
- 悪について — 中島義道
- 神、この人間的なもの◆ — なだいなだ
- 偶然性と運命 — 木田元
- 近代の労働観 — 今村仁司
- プラトンの哲学 — 藤沢令夫
- 術語集 II — 中村雄二郎
- マックス・ヴェーバー入門 — 山之内靖
- ハイデガーの思想 — 木田元
- 臨床の知とは何か — 中村雄二郎
- 新哲学入門 — 廣松渉
- 「文明論之概略」を読む 上・中・下 — 丸山真男
- 術語集 — 中村雄二郎
- 死の思索 — 松浪信三郎
- 戦後思想を考える◆ — 日高六郎
- イスラーム哲学の原像 — 井筒俊彦

岩波新書より

日本史

上杉鷹山 「富国安民」の政治　小関悠一郎
藤原定家『明月記』の世界　村井康彦
性からよむ江戸時代　沢山美果子
景観からよむ日本の歴史　金田章裕
律令国家と隋唐文明　大津透
伊勢神宮と斎宮　西宮秀紀
百姓一揆　若尾政希
給食の歴史　藤原辰史
大化改新を考える　吉村武彦
江戸東京の明治維新　横山百合子
戦国大名と分国法　清水克行
東大寺のなりたち　森本公誠
武士の日本史　髙橋昌明
五日市憲法　新井勝紘
後醍醐天皇　兵藤裕己
茶と琉球人　武井弘一

近代日本一五〇年　山本義隆
語る歴史、聞く歴史　大門正克
義経伝説と為朝伝説 日本史の北と南　原田信男
出羽三山 山岳信仰の歴史を歩く　岩鼻通明
日本の歴史を旅する　五味文彦
一茶の相続争い　高橋敏
鏡が語る古代史　岡村秀典
日本の近代とは何であったか　三谷太一郎
戦国と宗教　神田千里
古代出雲を歩く　平野芳英
自由民権運動 〈デモクラシー〉の夢と挫折　松沢裕作
風土記の世界　三浦佑之
京都の歴史を歩く　小林丈広・高木博志・三枝暁子
蘇我氏の古代　吉村武彦
昭和史のかたち　保阪正康
「昭和天皇実録」を読む　原武史
生きて帰ってきた男　小熊英二

遺骨 戦没者三一〇万人の戦後史　栗原俊雄
在日朝鮮人 歴史と現在　水野直樹・文京洙
京都〈千年の都〉の歴史　高橋昌明
唐物の文化史◆　河添房江
小林一茶 時代を詠んだ俳諧師　青木美智男
信長の城　千田嘉博
出雲と大和　村井康彦
女帝の古代日本　吉村武彦
秀吉の朝鮮侵略と民衆　北島万次
コロニアリズムと文化財　荒井信一
特高警察　荻野富士夫
朝鮮人強制連行　外村大
古代国家はいつ成立したか　都出比呂志
渋沢栄一 社会企業家の先駆者　島田昌和
漆の文化史　四柳嘉章
平家の群像 物語から史実へ　高橋昌明
シベリア抑留　栗原俊雄

(2021.10)　◆は品切，電子書籍版あり．(N1)

岩波新書より

岩波新書より

岩波新書より

岩波新書/最新刊から